Michael Stahl

Maja Loretta – Post aus den Wolken

„Es ist nicht wichtig,
wie lange du lebst,
sondern wie du lebst."

GloryWorld-Medien

Stimmen zum Buch

Dieses zauberhafte Mädchen Maja Loretta verdreht uns den Kopf! Mit ihren unbekümmerten Aussagen stellt sie all das in Frage, was wir irrtümlicherweise für „Leben" halten.

Wer wie Maja den Tod vor Augen hat, der wird plötzlich wach für das Wesentliche und fängt an, jeden Tag seines Lebens im Bewusstsein der Nähe Gottes zu gestalten, anstatt vom Konsum und Kommerz gelebt zu werden.

Maja küsst uns mit ihrer Geschichte wach, endlich wieder auf unser Herz zu hören. Michael Stahls Buch ist ein absolutes Muss für jeden, der neu durchstarten will!

David Kadel, Inspirationstrainer

Dieses Buch hat mich sehr berührt, denn Hoffnung und Dankbarkeit sind in dieser kalten Welt selten geworden. Eine wahre Ermutigungsgeschichte, die ich jedem empfehlen kann.

Josef Müller, Redner & Autor,
u. a. „Ziemlich bester Schurke"

Krasses Buch – was für ein Zeugnis! Tragisch, aber so hoffnungsvoll.

An der Pinnwand im Treppenhaus konnte ich die Todesanzeige meiner Nachbarin lesen: „Lange gekämpft, und doch verloren!" Wie viele Menschen täglich ohne Hoffnung unseren blauen Planeten verlassen, weiß ich nicht. Was ich weiß, ist, dass es viel zu viele sind, die an dem größten Geschenk der Menschheitsgeschichte, dem Himmel selbst, vorbeilaufen. Manche tun es sogar wissend gleichgültig.

Meine Hoffnung reicht über den Tod hinaus. Danke, Gott, für dieses Geschenk, das mich mit tiefer Dankbarkeit erfüllt. Dankbarkeit verändert meine Gedanken und erleichtert mein Leben – im Wissen, dass das Beste noch vor mir liegt.
Denn Christus ist mein Leben und Sterben Ist mein Gewinn (Philipper 1,21).

Thomas Enns, Sänger von Koenige&Priester

Leider habe ich Maja nicht persönlich kennen gelernt, doch aus lebendigsten und liebevollsten Erzählungen war herauszuhören, dass sie enorme und eindrucksvolle Verhaltensmuster lebte.

Ein „Wie geht es dir?" als Floskel war ihr, wie auch mir, wohl zu fremd. Ihr Gegenüber kennenzulernen, zu wissen was ihn/sie bewegt, war ihr wichtiger, als über sich selbst zu lamentieren.

Gottes wunderbare Schöpfung bereitete ihr Freude und Trost in schweren Zeiten. Maja lebte, praktizierte und veranlasste Versöhnung auch noch über ihren Tod hinaus.

Samuel Koch, Schauspieler &
Bestsellerautor

Inhalt

Vorwort

Dies ist nur ein kleiner Teil von Maja Lorettas Geschichte, ihrem Leben, ihren Gedanken und ihrer Liebe zu Gott. Kurz nach Majas Tod am 18. März 2016 wachte ich eines Nachts auf und ging ins Badezimmer. Meine Gedanken kreisten um Maja, ich konnte nicht mehr schlafen. Ich war aufgewühlt und traurig, zugleich aber unendlich dankbar, ihr begegnet zu sein. „Schreib ihre Geschichte auf", vernahm ich eine innere Stimme, die ich als klar, ernst und auffordernd empfand.

Ich kann nicht beschreiben, was ich gerne ausdrücken möchte. Ich legte mich wieder ins Bett und schlief ein. Ich träumte von Maja! Ich sah sie; sie lachte und war fröhlich. Sie war zu Hause. Sie ist zu Hause. Dort, wo es kein Leiden mehr gibt und wo keine Tränen mehr vergossen werden. Seit diesem Tag war mir klar, dass ich ihre Geschichte auf schreiben sollte. Doch es dauerte einige Wochen, bis ich mich dazu durchringen konnte. Zu groß schien mir die Last der Verantwortung. Ich machte mir Gedanken darüber, wie ihre Eltern und Freunde darauf reagieren würden. Wenn es wirklich Gottes Wille wäre, würde er die Türen öffnen. So geschah es dann auch. Als ich Majas Eltern von meinem Vorhaben erzählte, waren sie tief berührt und dankbar, und viele ihrer Freunde unterstützten mich mit Rat und Tat.

Aus einem Impuls, einem Wort und einem Traum, aus vielen Gebeten und durch die Unterstützung vieler wunderbarer Menschen, insbesondere von Alessia, Anna, Carmen und Hilda, ist dieses Buch entstanden.

Auch wenn es viel Trauriges in dieser Geschichte gibt, so sollen doch Majas Hoffnung, ihre Fröhlichkeit und Dankbarkeit sowie ihre Liebe zu Gott, ihren Mitmenschen und sich selbst die Botschaft dieser Geschichte sein. Denn das war es, was Maja ausstrahlte und was sie lebte.

Ich wünschte, du könntest in Majas Augen schauen ...
Ich wünschte, du könntest ihr Lachen hören ...
Ich wünschte, du könntest sie singen hören ...
Ich wünschte, du könntest fühlen, was ich gerade fühle ...
Liebe, einfach nur Liebe.

Aus Liebe zu Maja,
aus Liebe zu den Menschen
und aus Liebe zu Gott
ist dieses Buch entstanden.

Liebe war und ist unsere Motivation.

Gott
ist
Liebe.

Den Titel „Post aus den Wolken" hat Maja praktisch selbst vorgegeben. Auf ihrer Trauerfeier ließ sie einen Brief mit gleicher Überschrift vorlesen, den sie eigens dafür geschrieben hatte.

Maja wollte die Welt verändern; wir hoffen, der Brief und dieses Buch tragen mit ihrer Botschaft der Liebe viel dazu bei. Hier ihre Zeilen:

Post aus den Wolken

Wenn ihr diesen Brief lest, bin ich schon nicht mehr auf der Erde, sondern oben in den Wolken und schau auf Euch runter. Hier oben ist es wunderschön kuschelig, so wie ich es liebe ☺

Hier oben passt Gott gut auf mich auf und ich genieße es, also seid nicht traurig, sondern feiert, dass ich nun ruhen darf, befreit von all den Sorgen auf der Erde. Weint nicht um die Zeit auf der Erde, die nun vorbei ist, denn sie wird hier oben irgendwann weitergehen ... doch möchte ich euch trotzdem für das Leben auf der Erde danken, dass ihr, in schlechten wie in guten Zeiten, stets für mich da wart, und ich viele besondere Momente mit euch erleben durfte.

An meiner Beerdigung möchte ich, dass sich alle noch einmal an die Zeit mit mir auf der Erde erinnern und genug Zeit haben, zu verstehen, dass diese nun auf der Erde zu Ende ist.

Doch auch von hier oben, das so weit weg von euch scheint, werde ich auf euch herunterschauen, mit euch lachen und weinen. Ich werde stolz auf euch sein, wenn ihr etwas Neues gelernt oder geschafft habt, und auch im Leid bei euch sein. Doch wenn ihr euch von dem leeren Körper, der vor euch liegt, verabschiedet habt und euch auf die Seele und das Herz in der Unendlichkeit freuen könnt, dann möchte ich, dass ihr rausgeht mit einem strahlenden Lächeln auf dem Gesicht und feiert. Ja, ich werde euch immer lieben.

In Liebe, Maja

Geleitwort

Als ich das Foto von der mir bisher unbekannten Maja auf Facebook sah und dazu las, dass sie mit ihren jungen sechzehn Jahren den Kampf gegen Krebs verloren hat, war ich sofort ergriffen. Ich selbst habe vor einem Jahr meinen Sohn mit fünf Jahren durch einen schweren Verkehrsunfall verloren, bei dem ich schwer verletzt wurde, weiß also, was es bedeutet, ein Kind zu verlieren und unendliche Schmerzen und Trauer zu ertragen: Der größte Schatz, den man hat, wird einem genommen, und es zerreißt einem das Herz!!!

Als ich aber weiterlas, dass Majas Herz für Jesus und Gott so sehr schlug, dass sie keine Angst hatte, „heim" zu gehen, wie wir Christen sagen, erfüllte mich das mit tiefer Ruhe. Ich wusste sofort, dass sie und mein Matteo nun am Ziel sind, wo wir alle uns eines Tages wiedersehen, und dass sie nie, nie mehr leiden muss! Dass ihre Reise auf dieser Welt zu Ende ist, weil sie da ist, wo sie sich gewünscht hat, eines Tages zu landen: in Gottes Armen! Ich schätze, sie und Matteo werden da oben viel Spaß haben, während sie auf uns warten.

Majas Herz brannte für Gottes Liebe und dafür, dass viele Menschen sie erfahren! Vielleicht bringt gerade ihre Geschichte und ihr frühes Sterben viele Menschen näher zu Gott: Menschen, die bisher auf der Suche waren – nach einem Sinn im Leben, nach einem Ziel und nach bedingungsloser Liebe, die in der heutigen Welt so schwer zu finden ist. So ist es im letzten Jahr auch durch Matteos Tod passiert. Gott hält diese Liebe für uns bereit und hat davon mehr als genug für jeden von uns, wenn wir ihn nur darum bitten!

Ich selbst durfte das im letzten Jahr nach unserem schweren Unfall auf großartige Weise erfahren – durch Träume, Begegnungen und Wunder. Nicht zuletzt auch durch viele sich unglaublich aufopfernde Menschen, die uns sehr geholfen haben, als wir Hilfe jeglicher Art nötig hatten! Ich hoffe auch so sehr, dass Majas Familie ganz viele liebende Menschen um sich hat und von ihnen und von Gott getröstet und aufgefangen wird!

Majas Blick auf dem Foto hat mich gefesselt, weil in ihren Augen kein Fünkchen Angst war, sondern nur Liebe und Zuversicht, dass Gott sie hält und auf sie wartet. Ich wünsche mir, dass Majas Sehnsucht in Erfüllung geht und sie bei Gott viele der Menschen, die sie um sich herumhatte, wiedersieht. Die, von denen sie wusste, sie wiederzusehen, aber vor allem auch die, von denen sie es nicht gedacht hätte!

Marzia Plichta

01

Maja stellt sich vor

Lassen wir Maja nun zunächst selbst zu Wort kommen. Die folgenden Zeilen schrieb sie, als sie sich einmal Kindern und Jugendlichen vorstellen sollte:

Hey, um mich kurz vorzustellen: Ich heiße Maja, bin vierzehn Jahre alt und möchte euch ein bisschen von mir erzählen. Ich hoffe, ihr könnt einfach für euch was davon mitnehmen.

Ich schreibe, wie ich die Sache sehe. Das heißt aber nicht, dass ihr das auch so sehen müsst.

Als ich elf Jahre alt war, bekam ich die Diagnose Krebs, und das war ein ziemlicher Schock für mich. Um ehrlich zu sein, ich dachte, dass nur Omas so was bekommen können. Aber Kinder? Ich hatte ein sogenanntes Osteosarkom, das ist eine Art von Knochenkrebs. Krebs besteht aus vielen bösartigen Zellen, auch Tumorgewebe genannt, und diese streuen sehr schnell im ganzen Körper. Bei mir war der Tumor zwar im Bein, aber die Tumorzellen waren über das Blut in die Lunge gekommen, so hatte ich dort auch Krebs.

Ich musste eine achtzehnmonatige Chemotherapie machen, die sehr kräftezehrend war und alles von mir abverlangte, was ich besaß – meine Haare, meine Kraft, meinen Geschmack, meine Psyche und mein Knochenvolumen. Doch eines nahm sie mir nicht: die Hoffnung und den Glauben an das Gute und an meine Freude, die ich allerdings nicht immer zeigen konnte, weil ich die meiste Zeit damit beschäftigt war, mein Essen wieder auszuspucken, aber sie war da.

Meine Eltern waren manches Mal kurz davor, die Hoffnung aufzugeben, weil ich z. B. vollgepumpt war mit (legalen) Drogen wie Morphin, einem sehr starken Schmerzmittel, das man früher als Droge genommen hat. Ich war kaum ansprechbar und habe nur 26 kg gewogen, aber ich wusste vom ersten Tag an, dass ich es schaffen würde. Es fühlte sich an, als würde ich durch einen Tunnel gehen. Von allen Seiten kamen Stöcke, Messer und Steine auf mich zu, aber ich blickte nur geradeaus und folgte dem Lichtstrahl, dem ich immer näherkam – etwas anderes wäre tödlich gewesen. Es war wie eine Lebensaufgabe, an der ich wachsen konnte.

Viele fragten sich, warum ich dies alles durchmachen muss und ob ich es schaffen würde.

Diese Fragen stellte ich mir nie. Ich finde, es geht vielen tausend Menschen da draußen so viel schlechter als mir. Ich finde es gut, wenn man auf sich achtgibt und auch schaut, wie es einem selbst geht, indem man sich Zeit für sich selbst nimmt, um sich auch mal auszuruhen. Wir leben in einer Gesellschaft, in der man Freunde, Bekannte und Verwandte hat, in der es aber auch Leute gibt, die man nicht so mag und die einem einfach nicht guttun, aber das ist das Leben.

Unsere Aufgabe ist es, für unsere Freunde und unsere Familie da zu sein, auch in Zeiten, in denen es nicht so einfach ist.

Aber genau in diesen Zeiten gibt es diese besonderen Momente, die so wertvoll sind wie nichts Anderes auf der Welt, außer der Liebe. Und hinsichtlich der Menschen, die man nicht so mag, sollte man sich die Frage stellen, warum das so ist. Wenn es einen Grund dafür gibt, dann versucht mal, diesen Grund zu vergessen und einfach mit einer unvoreingenommenen Art diesen Menschen zu begegnen. Wenn das gar nicht klappt und eine Person euch beispielsweise immer beschimpft oder verletzt, dann versucht dennoch, diese Person stehen zu lassen und als Mensch zu respektieren und das, was euch verletzt, nicht an euch ran zu lassen. Aber verhaltet euch niemals genauso wie diese Person, um ihr eins auszuwischen, denn dann seid ihr auch nicht besser!

In meiner Krankheit und der damit verbundenen Lebensaufgabe habe ich so unglaublich viel gelernt und auch mitgenommen, dass ich gar nicht alles aufzählen kann. Manche Dinge kann man mit Worten gar nicht ausdrücken, aber ein paar kann ich euch aufzählen:

Ich habe gelernt, jede Sache im Leben genauso zu schätzen, wie sie ist, und sie nicht immer verändern zu wollen!

Materielle Dinge haben für mich fast keinen Wert mehr, seit meiner Krankheit, sie sind einfach nicht wichtig im Leben.

Wichtig ist, dass man Freunde hat, denen man bedingungslos vertrauen kann, die immer für einen da sind, wenn man sie braucht, und natürlich Eltern, die für einen da sind!!!

Ich habe auch erkannt, dass ich wertvoll bin, dass jeder jemand ist, der etwas erreichen kann, wenn er daran glaubt!!!

Ich könnte noch lange fortfahren, aber lieber möchte ich euch noch ein, zwei Aufgaben mit auf euren Weg geben ☺

Wenn ihr das nächste Mal rausgeht, versucht einfach mal zu spüren, wie wertvoll und wunderschön es ist, dass ihr jetzt da sein dürft.

Und versucht auch die unscheinbaren, so wertvollen Dinge des Lebens wahrzunehmen, wie z. B. wenn die Sonne scheint oder der Wind in den Bäumen weht. Das alles macht mich so glücklich ...

Denn das habe ich auch gelernt durch die Krankheit: Dinge zu sehen und zu schätzen, die für die anderen selbstverständlich sind.

Eure Maja

02

Meine erste Begegnung mit Maja

Als uns die Einladung ins Camp für an Krebs erkrankte Kinder erreichte, war mir sofort klar, dass mich Gott da haben wollte. Es war der 6. Juni 2015. In meinem Team fragte ich, wer mich begleiten möchte. Schließlich nahm ich meine Freunde Hilda, Robert und Paul mit. Es war eine angespannte Fahrt, da uns bewusst war, dass uns neben fröhlicher Ausgelassenheit auch Leid und Trauer begegnen würden.

Im Rahmen unserer Gewaltpräventionsprojekte geben wir seit über zwanzig Jahren Kurse zur Selbstverteidigung und Selbstbehauptung. An diesem Tag ging es um „Agenten". Die Veranstalter hatten sich einiges einfallen lassen, um den Kindern eine unbeschwerte Zeit zu bescheren. Kurz bevor wir in die Zielstraße einbogen, hatte ich den Impuls, in einem Waldstück anzuhalten. Alles in mir sagte, dass ich beten solle. Dazu wollte ich im CD-Player ein besonderes Lied laufen lassen. Ich teilte meinen Freunden mit, dass ich gerne beten möchte und noch ein passendes Lied suchen würde. Mir war sofort klar, welches Lied es sein sollte: „Von guten Mächten wunderbar geborgen ..." Ich hielt die CD bereits in meiner linken Hand, als mich Paul mit einer Bitte konfrontierte: „Micha, ich habe einen Liedwunsch." „Welchen?", fragte ich. Daraufhin meinte er: „Mein Herz sagt mir, dass wir uns ‚Von guten Mächten wunderbar geborgen' anhören sollten."

Ich war tief bewegt und hielt die CD, die in meiner Hand war, in die Höhe. „Ich hatte den selben Impuls, im selben Moment." Es war eine unbeschreibliche Stimmung von Ehrfurcht in unserem Auto. So beteten wir gemeinsam um Gottes Führung, Trost und Beistand. Unfassbar, was daraus geworden ist.

Im Camp angekommen, wurden wir herzlich von vielen Menschen empfangen. Auf einer vor einem Wald gelegenen Wiese sollte es stattfinden. Wir tobten und lachten mit den Kindern um die Wette. Es war einfach toll. Anschließend berichtete ich einen kleinen Teil aus meinem Leben. Ich öffnete ihnen gegenüber mein Herz. Es war eine

sehr bewegende Atmosphäre. Mit keinem Wort erwähnte ich zu diesem Zeitpunkt die Namen Gott oder Jesus – bis mich ein etwa zehn Jahre alter Junge Folgendes fragte: „Sag mal, Michael, woher nimmst du Kraft, wenn es dir nicht gut geht?" Wenn ich so etwas gefragt werde, ist dies oft ein sehr spannender Moment, denn viele wollen von Gott nichts mehr hören. Sie gehen auf die Barrikaden und rebellieren, wobei Rebellion ja „Aufstand ohne eigene Lösungen" bedeutet.

So wandte ich mich an den Veranstalter und fragte, ob es okay wäre, wenn ich ehrlich und klar antworte. „Na klar", meinte dieser freundlich.

„Es ist die Liebe Gottes, die mich tröstet und die mir Kraft gibt. Auch wenn ich sehr vieles nicht verstehe, so vertraue ich letztendlich immer auf Gott, dass er einen guten Plan für unser Leben hat."

Ich meinte zu spüren, dass diese Aussage zusammen mit den Spielen und meinem so persönlichen Lebenszeugnis so manchen im Camp berührte.

Am Ende unserer Veranstaltung überreichten wir allen Kids eine Urkunde und ich persönlich hängte jedem Kind eine Medaille um den Hals, einfach um sie zu ehren. Es ist so kostbar, einander zu ehren. In Wahrheit beschenke ich dabei immer mich selbst. Es war sehr bewegend. Von manchen Kindern wussten wir, dass sie noch Schweres vor sich hatten, und von einem Jungen sogar, dass er wohl nicht mehr viel Zeit hatte.

In Psalm 90,12 steht: „Lehre uns bedenken, dass wir sterben müssen, auf dass wir klug werden."

Ich bin mir sicher: Wenn wir alle den Tag unseres Todes wissen würden, selbst wenn dieser erst in vielen Jahrzehnten wäre, dann würden wir ab heute unser Leben anders leben und würden wertschätzender miteinander umgehen.

Vor einiger Zeit durfte ich in der Schweiz zu diesem Thema sprechen. Da kam eine Frau auf mich zu und teilte mir mit, vor Kurzem sei in ihrem Ort ein 17-jähriges Mädchen sehr plötzlich an Krebs gestorben. Auf der Beerdigung habe ihre Schwester unter Tränen gesagt: „Hätte ich gewusst, dass du sterben musst, dann hätte ich dir jeden Tag gesagt, wie sehr ich dich liebe."

Hätte ich gewusst, dass du sterben musst!

Ja, wir alle – du, der du das liest, jeder Mensch, der um dich lebt und dir begegnet, und auch ich –, wir alle müssen sterben. Heute wäre daher ein guter Zeitpunkt, Liebe auszusprechen und in Vergebung und Versöhnung zu leben.

Als wir alle Kids geehrt hatten und gerade noch ein paar Fotos machten, kam Maja auf mich zu. Wunderschön sah sie aus, ein Strahlen, ein Lächeln, eine Schönheit. Mit einer Liebe, die nicht von dieser Welt war.

Sie fragte mich, ob sie mit mir reden könne. Wir liefen gemeinsam über die Wiese und setzten uns auf eine Parkbank unter einen großen Baum, der uns trotz der großen Hitze eine angenehme Kühle spendete. In seinem Schatten angekommen, hörte ich ihr zu.

„Michael, ich danke Gott, dass er dich in dieses Camp geschickt hat, denn dafür habe ich gebetet, dass einer hierherkommt und die Liebe Gottes bezeugt."

Verwundert schaute ich sie an und hakte nach: „Du glaubst an Gott?" Und dann begann sie zu erzählen. Dabei strahlte sie aus jeder Pore …

Ach, könntest du jetzt mit uns unter diesem Baum sitzen … und ihre Augen sehen und ihren Worten lauschen. Tief berührt wärst du. So, wie ich an jenem Tag und an den Tagen danach, bis jetzt.

„Na klar, Michael. Gott sagt mir jeden Tag, wie lieb er mich hat. Ich habe zwar schon viele Operationen hinter mir und vielleicht habe ich auch nicht mehr lange zu leben. Ich war achtzehn Monate am Stück im Krankenhaus. Dennoch bedanke ich mich jeden Tag bei Gott für drei Dinge."

Und dann begann sie aufzuzählen:

„Für jedes Lächeln, das mir ein Mensch schenkt."
„Für jede Umarmung, die tief aus dem Herzen eines Menschen kommt."
„Für das Rauschen der Bäume."

Tränen liefen meine Wangen herunter; ich lächelte sie an und nahm sie in die Arme. Gemeinsam lauschten wir dem Rauschen der Bäume. Und dann fingen wir an, gemeinsam zu dem einen zu beten, den wir beide liebten: Jesus Christus.

Anschließend gingen wir miteinander zum Mittagessen. Vor der Rückfahrt beschenkten wir noch einige Betreuer mit Büchern und tauschten unsere Kontaktdaten aus. Als wir losfuhren, flossen einige Tränen im Auto.

„Habt ihr es gesehen?", machte Robert uns aufmerksam. „Auf dem Gebäude stand ein Vers aus dem Lied ‚Von guten Mächten'." Unfassbar, einfach unglaublich ...

Am Abend saß ich noch lange in meinem Garten. Mit 45 Jahren bedankte ich mich zum ersten Mal bei Gott für das Rauschen der Bäume. Ja, wenn man monatelang im Krankenhaus ist, muss das wohl ein Stück Freiheit bedeuten ...

Ich dankte Gott für alle Begegnungen, besonders für die mit Maja.

Ich spürte, dass dieses Mädel mit dazu beitrug, dass mein Denken und Fühlen nie mehr so sein würden wie zuvor. Ich lernte viel von ihr. Sehr viel sogar:

- **Dankbarkeit**
- **Trost**
- **Hoffnung**
- **Vertrauen**
- **Glaube, Hoffnung und Liebe**

„Von guten Mächten wunderbar geborgen." Dieses vertonte Gedicht hörten wir unmittelbar, bevor wir Maja trafen. Zeilen des Liedes waren an dem Gebäude angebracht.

Und auf der Trauerfeier, was denkt ihr, welches Lied da gesungen wurde?

Von Guten Mächten wunderbar geborgen,
erwarten wir getrost was kommen mag.
Gott ist mit uns am Abend und am Morgen
und ganz gewiss an jedem neuen Tag.

Bevor wir damals im Camp ankamen, bevor wir Maja begegneten ... beteten wir.

Welche Kraft unsere Gebete haben, wird mir durch dieses Erlebnis einmal mehr bewusst.

Welche Kraft unsere Gebete jedoch tatsächlich haben, werde ich wohl nie erfassen können, vielleicht benötigt es dafür die ganze Ewigkeit.

Damals beteten wir ... begegneten dann Maja, die so viele Menschen berührte ... Ihre Geschichte geht weiter ... berührt weiter. Alle Gebete von ihr und von uns tragen mehr und mehr Früchte.

Als ich Maja begegnete, da begegnete ich zugleich der Liebe Gottes.

Sie strahlte den Frieden aus, den diese Welt niemals geben kann. Den Frieden, den nur Gott gibt. Sie hatte Jahre zuvor Gott in ihr Herz eingeladen. Dadurch trug sie unendlichen Frieden in ihrem Herzen.

Obwohl sie schwer krank war, war sie dankbarer und glücklicher als sämtliche Gesunde, die ich bisher in meinem Leben getroffen habe.

Sie war frei ... erfüllt ... geborgen in der Liebe Gottes.

Maja war ein Geschenk des Himmels, und jeder, der sie kannte, wurde durch sie beschenkt. So auch Thomas und Stefan, die hier ihre Eindrücke von Maja wiedergeben.

Als ich Maja gesehen habe, wurde mir klar, wie strahlend ein Mensch sein kann, der aus der Freude lebt, Jesus zu kennen, mit ihm zu leben, auch wenn er sicher weiß, dass er bald stirbt. Ein Herz, in dem Liebe und Zufriedenheit herrschen, kann so schön strahlen, dass es zu den Augen herausleuchtet ... das behalte ich in Erinnerung, wenn ich an Maja denke. Dieses tiefe Strahlen.

Ich nehme aus den Begegnungen mit ihr für mich mit, dass jeder Tag, den wir leben, ein Geschenk ist. Ich will jeden Moment, der mir geschenkt wird, dankbar aus Gottes Hand nehmen, ihn genießen, das Beste daraus machen, und so Gottes Geschenk würdigen. Genauso hat Maja ihre letzten Monate gelebt. Klar, entschieden, glücklich und dankbar.

Thomas Joussen

Ich habe Maja über Anna kennengelernt, an einem Sonntag im Frühjahr 2015. Von Beginn an fiel mir ihre positive Art, ihre Ausstrahlung und ihr Charisma auf. Zu diesem Zeitpunkt war mir die Tragweite ihrer Erkrankung noch gar nicht bewusst. Als mir dann später der bis dahin schon dramatische Verlauf Ihrer Krankheit erzählt wurde, dachte ich mir: Ein unbeschreiblich tapferes, unheimlich sympathisches und starkes Mädel!

Wenige Monate später erfuhr ich, dass Maja keine weitere Chemo mehr bekommen wollte und ihr Schicksal angenommen hatte. Diese Nachricht traf mich tief und ich hoffte bis zuletzt auf ein Wunder. Wenn es jemand verdient hatte, dann doch sicherlich Maja.

Ich habe Sie dann an Weihnachten 2015 in einer Gemeinde in Schorndorf das Glaubensbekenntnis singen hören, und dies wird für mich sicherlich ein unvergessener Moment bleiben. Diese Kraft, diese Würde, diese Stärke und diese positive Ausstrahlung, die von Maja ausgegangen sind, kann ich in Worten gar nicht beschreiben, und sie fordern mir den allerhöchsten Respekt vor Maja ab.

Auch zu dieser Zeit konnte ich nicht glauben, dass es tatsächlich keine Chance auf Heilung mehr gegen sollte. Bis zuletzt hoffte ich ständig auf eine gute Nachricht!

Leider trat das Wunder nicht ein und Maja ist friedvoll eingeschlafen. Ihr ist zu gönnen, dass es ihr auf der anderen Seite jetzt besser geht ...

Für mich und uns allen bleibt sie sicherlich UNVERGESSEN.

Stefan

Nach Hause gehen

Einige Zeit verging. Maja, ihre Freunde und ich hielten Kontakt, als mich eine traurige Nachricht von Maja erreichte. Ich kenne nicht mehr den genauen Text, aber sinngemäß lautete diese Nachricht so:

Lieber Michael, vor kurzem habe ich erfahren, dass es für mich keine Heilungschancen mehr gibt. Aber das ist völlig okay für mich. Jetzt habe ich Gewissheit und kann frei planen. Ach ja, Michael ... was du tust, mach bitte weiter, lass dich von niemanden aufhalten. Die Liebe Gottes muss zu den Menschen. Du hast mir sehr geholfen. Danke – Deine Maja

Kurz darauf rief ich sie an. Wie immer „strahlte sie am Telefon". Ich konnte es kaum glauben. Ihre Ärzte hatten ihr mitgeteilt, dass sie nur noch wenige Monate zu leben habe, und sie, was macht sie? Sie „lächelt ins Telefon". Wie oft habe ich mich über Kleinigkeiten im Leben geärgert. Maja war anders, ganz anders, sie war fröhlich und dankbar.

Ich wusste zuerst gar nicht, was ich ihr sagen sollte, und genau das sagte ich ihr dann auch. Während ich mit ihr telefonierte, tröstete sie mich. Ja, du hast richtig gelesen. Sie, die Todkranke, das Mädchen mit den zig Operationen, tröstete mich, den Gesunden. Sie sagte fröhlich: „Micha, es ist alles ok, ich gehe doch nur nach Hause zu unserem Papa im Himmel."

Ja, das waren ihre Worte: Es ist alles ok, ich gehe doch nur nach Hause zum Vater im Himmel.

Diesen Satz habe ich noch öfter von ihr gehört. Hier, beim Niederschreiben, mache ich mir wohl zum ersten Mal so richtig intensive Gedanken darüber.

„Es ist alles okay."

ALLES? All die Schmerzen. All die OPs und die damit verbundenen Gespräche, die Aufklärung seitens der Narkoseärzte. All die schlechten Nachrichten. Keine Hoffnung mehr auf Leben. Niemals heiraten. Nie vom Papa zum Altar geführt werden. Nie Leben unter dem Herzen tragen. Alles okay? Ja, sie war sich dessen total bewusst.

Es war kein Trotz in ihr, keine Ironie; sie hatte stattdessen unendliches Vertrauen in Gott.

„Ich gehe doch nur nach Hause."

Diesen Satz habe ich von vielen Sterbenden gehört, die auf Gott vertrauten. Mein eigener Papa war auch einer von diesen, der mir das kurz vor seinem Tod anvertraute. Da war nie die Rede von absoluter Dunkelheit oder von einer Leere, die da zu drohen scheint. Auch ging keiner davon aus, immer wieder (als Mensch oder Tier) wiedergeboren zu werden. Nein, sie alle sprachen davon, nach Hause zu gehen. Was ist denn ein Zuhause? Ein Ort, an dem wir Sicherheit und Geborgenheit erfahren und geliebt sind. Wo die Liebe wohnt, dort sind wir Zuhause.

Gott ist Liebe!

Wo Gott ist, da sind wir Zuhause!

„Zum Vater im Himmel"

Wir gehen also nicht irgendwo hin, sondern zum Vater. Nicht zu einem höheren Wesen oder zu einem Gott, der weit weg ist, sondern zu einem Papa.

Was für ein wunderbares Mädchen, sie erklärt uns mit wenigen Worten, einem Lächeln und unendlicher Hoffnung, was unser aller Sehnsucht ist. Keine Horoskope, keine Glücksbringer oder sonst etwas kann uns geben, was Jesus uns brachte: den Frieden, den diese Welt nicht geben kann. Er zeigte uns, wie Gott wirklich ist: ein Papa. Hier wird unsere Sehnsucht gestillt. Dort sind wir daheim.

In Papas Armen sind wir wahrhaftig am Ende unserer Suche. Da sind wir am Ziel angekommen. Wer ihn in sein Herz einlädt, trägt seinen Frieden und das wahre Zuhause schon in sich.

Mitten in der traurigen Nachricht ihres bevorstehenden Sterbens gab Maja mir und gibt sie nun allen, die es hören und lesen, die beste Nachricht der Welt weiter:

Denn Gott hat die Menschen so sehr geliebt, dass er seinen einzigen Sohn für sie hergab. Jeder, der an ihn glaubt, wird nicht zugrunde gehen, sondern das ewige Leben haben (Joh 3,16 HFA).

Mitten in meinen Tränen lächelte sie.
Mitten in meinem Zweifel brachte sie Vertrauen.
Mitten in meiner Trauer tröstete sie mich.
Mitten in ihrem Herzen wohnte Gott.

Nun wohnt sie bei ihm.

Gott ist die Liebe; und wer in der Liebe bleibt, der bleibt in Gott und Gott in ihm (1 Joh 4,16).

Zwei Freundinnen von Maja erinnern sich in Liebe und Dankbarkeit:

Ich kam nach einem schweren Unfall ins Krankenhaus. Während der Zeit im Krankenhaus hat Maja mir sehr geholfen. Wir haben einander viel geschrieben und haben uns Sprachnachrichten hin und her geschickt. Sie hat von sich erzählt und von ihrem Aufenthalt im Krankenhaus und davon, wie es ihr immer erging. Sie hat mich sehr unterstützt und motiviert weiterzumachen und weiterzukämpfen. Sie wusste, wie ich mich fühle, und da hat es mir sehr geholfen, mit ihr zu reden. Sie besuchte mich auch noch auf der Intensivstation, obwohl sie selber schon sehr schwach war.

Sie war ein so liebevolles Mädchen. Ihre Liebe gab sie an andere weiter, auch wenn sie einen nicht gut kannte. Zum Beispiel haben wir sie einmal in Konstanz überrascht. Maja nahm mich direkt in den Arm. Ich wunderte mich sehr darüber, da wir uns eigentlich nur ein bisschen über eine gemeinsame Freundin kannten. Ihr größter, wichtigster und letzter Wunsch war es, dass ich so schnell wie möglich wieder aus dem Krankenhaus käme. Sie erzählte einer Freundin davon, sie habe einmal geträumt, ich würde wieder daheim am Esstisch sitzen.

Meine Gesundheit war ihr wichtiger als ihre eigene. Sie wollte auch immer, dass man für mich betet, anstatt für sie. Das kann man jetzt als komisch empfinden, aber so war Maja. Sie liebte das Leben, und doch wünschte sie sich nichts mehr, als dass ich wieder gesund werde. Sie freute sich über jeden Fortschritt, den ich machte, auch wenn er noch so klein war. Sie weinte einmal und sagte zu Anna: „Ich will, dass die Coco wieder gesund wird!" In ihrer letzten Sprachnachricht an mich weinte sie: „Ich wünsch mir, dass du wieder heimkommst." Und das von einem Mädchen in ihrer Situation!

Unsere Freundschaft ist innerhalb kürzester Zeit sehr intensiv geworden und war von großer Verbundenheit geprägt. Ich bin mir sicher, dass sie mich jetzt sieht und sich über jeden Fortschritt freut, den ich weiterhin machen werde!"

Danke Maja, deine Coco

Gerne möchte ich, Marina, einen Wintertag mit euch teilen, den ich mit Maja im Dezember letzten Jahres (2015) verbrachte.

Maja war zu Besuch bei meinen Geschwistern und mir in Birkenfeld. Wir haben passend zur Weihnachtszeit Plätzchen gebacken, viel gelacht und geredet und auch musiziert. Majas Traum war es, ein Lied aufzunehmen, was wir dann auch in einem kleinen Bandproberaum in meiner Gemeinde verwirklicht haben. Maja trat selbstbewusst auf, strahlte mit ihren himmelblauen Augen in die Kamera und sang „Photograph" von Ed Sheeran. Die Freude an der Musik war ihr ins Gesicht geschrieben.

Nachdem wir unsere Aufnahmen beendet hatten, fragte mich Maja, ob ich das Lied „Das glaube ich" kenne. Ich lächelte und antwortete: „Schau mal, hier liegen die Noten." Ich begann, die Akkorde des Liedes auf meinem Piano zu spielen und Maja summte dazu. Als wir beide sicher in Text und Melodie waren, sang Maja voller Überzeugung und Freude die Zeilen „Ich glaub, dass wir ewig leben, an das Leben nach dem Tod ..."

Zeilen wie diese aus dem Mund eines bildhübschen, aber todkranken Mädchens zu hören, das war wirklich herzzerreißend.

Nachdem Maja dieses Lied zu Ende gesungen hatte, schaute sie mich an und meinte: „Marina, ich finde, dieses Lied gibt einem einfach so viel Kraft!" Ich bekam Gänsehaut. Diese Worte berührten mich. Am nächsten Tag haben wir das Lied, das Maja so viel bedeutete, immer und immer wieder gesungen.

Kurze Zeit später hat Maja dieses Glaubensbekenntnis sogar in ihrer Gemeinde gesungen, was mich sehr gefreut hat.

Es ist schön zu wissen, dass Maja nun das sieht, woran sie geglaubt hat, und bei unserem Vater im Himmel gemeinsam mit den Engeln weitersingen darf.

Majas Lieblingslied

Das glaube ich[1]

Ich glaube an den Vater
Den Schöpfer aller Welt
Gott allmächtig
Durch Gottes Geist empfangen
Kam Christus in die Welt
Jesus, mein Retter

Ja, ich glaub an Gott, den Vater
Und an Christus, Seinen Sohn
An den Heiligen Geist der Wahrheit
An den dreieinen Gott
Ja, ich glaub an die Auferstehung
Das Leben nach dem Tod
Ich glaube an Deinen Namen, Jesus

Mein Richter und mein Anwalt
Gekreuzigt unter Leid
Vergebung ist in Dir
Du stiegst ins Reich der Toten
Standst auf in Herrlichkeit
Und herrschst in Ewigkeit

Ja, ich glaub an Gott, den Vater
Und an Christus, Seinen Sohn
An den Heiligen Geist der Wahrheit
An den dreieinen Gott
Ja, ich glaub an die Auferstehung
Das Leben nach dem Tod
Ich glaube an Deinen Namen, Jesus

Ja, ich glaub an Dich
Dass Du auferstanden bist
Ja, ich glaub an Christus, unsern Herrn

Ja, ich glaub, dass wir ewig leben
Dass die Jungfrau den Sohn gebar
Die Gemeinschaft der Kinder Gottes
Die Kirche unsres Herrn
Ja, ich glaub an die Auferstehung
Wenn Jesus wiederkommt
Ich glaube an Deinen Namen, Jesus

Die Liste

Im Angesicht des Todes hatte sich Maja noch einiges vorgenommen und dazu eine „To-do-Liste“ erstellt. Sie wollte zum Beispiel noch London, Wien und New York besuchen und, welch eine Ehre, sie wollte uns bei unseren Projekten begleiten. Sie wollte wirklich einige ihrer letzten Tage mit uns verbringen. Welch eine Wertschätzung!

So planten wir sie für ein mehrtägiges Projekt in Ost- und Süddeutschland ein. Meine Mitarbeiterin Hilda und mein Sohn Manuel begleiteten uns.

Ihr Papa begleitete sie während der Zugfahrt von Stuttgart nach Bopfingen. Strahlend hüpfte sie aus dem Zug, lange hielten wir uns in den Armen. Maja hat tolle Eltern. Man kann nur schwer erahnen, was sie alles durchgemacht haben und noch durchmachen. Sie wünschen sich, dass Majas Geschichte viele Menschen berührt.

Majas Papa fuhr an jenem Tag wieder zurück. Er vertraute uns seine Tochter an, die er schon so oft hatte loslassen müssen, in dem Bewusstsein, sie bald für immer loslassen zu müssen.

So nahmen wir also gemeinsam den nächsten Punkt auf Majas Liste in Angriff. Sie wollte zu einigen Schülern in einer Schule sprechen. Unsere Fahrt beinhaltete alles, was es in einem Leben geben kann. Wir lachten und weinten. Wir hielten uns die Bäuche vor Lachen und hatten immer wieder sehr tiefe Gespräche.

Ich hatte eine Bitte, einen Wunsch an sie. Mit ihr konnte ich wirklich über alles reden. Keine Oberflächlichkeiten, wie man sie sonst sehr oft erlebt. Keine seichten Gespräche über das Wetter oder Fußball. Darüber können manche Menschen ja stundenlang reden. Es ist nichts Schlechtes daran, auch ich spiele gerne Fußball und rede darüber, aber häufig kommt es leider zu nichts Tieferem. Doch mit Sterbenden und Menschen, denen es den Boden wegerissen hat, durfte ich oft erleben, dass dort nicht mehr nur an der Oberfläche herumgekratzt wird.

Es gibt viele, die mich wegen meines Glaubens an Gott belächelt haben. Doch nicht selten kamen sie zu mir, wenn sie von Krankheit oder Krisen heimgesucht wurden oder der Partner bzw. die Partnerin sie verlassen hatte. Dann verstummte das Lachen. Ich durfte dann trösten und sogar für sie beten.

In dem Bewusstsein, mit Maja über alles reden zu können, regte sich in mir ein Wunsch. In der

Bibel steht in Jesaja 43, dass wir kostbar und wertvoll sind, weil Gott uns liebhat. Und dann gibt es im Neuen Testament die eine Szene, als sich Petrus mitten in Scham und Schuld befindet, nachdem er Jesus dreimal verleugnet hat und dieser ihm dann am Strand begegnet und Frühstück für ihn macht. Unglaublich wunderbar – der Herr aller Herren macht Frühstück für einen, der die Hosen voll hatte. Er läuft ihm sogar hinterher und fragt ihn dreimal: „Hast du mich lieb?" (vgl. Joh 21)

Oft fragte ich mich, warum Gott bzw. Jesus uns Menschen immer wieder etwas fragt, wo er doch alle Antworten kennt. Im Garten Eden rief er: „Adam, wo bist du?" Dabei wusste er doch, wo Adam war ... Ich glaube, dass dies für uns alle sehr bedeutsam ist: Gott persönlich sucht nach uns. Er nennt uns beim Namen. Wir sind ihm wichtig.

Kain fragte er, nachdem dieser seinen Bruder getötet hatte: „Kain, wo ist dein Bruder Abel?" (1 Mose 4,9) Ich glaube, dass Gott sich mitten in unsere Schuld und unser Versagen begibt und uns darauf aufmerksam macht, dass er immer da ist und alle unsere Heimlichkeiten kennt, die wir so gerne vor der Welt verbergen wollen. Bei ihm gibt es keine Geheimnisse.

Die Jünger fragen Jesus: „Wer bin ich für die Menschen, und was denkt ihr, wer ich bin?" (Mt 16,15)

Ich glaube, dass diese Frage immens wichtig ist. Wer ist Jesus für dich? Ist er für dich nur ein Religionsstifter? Was war sein Todesurteil? Er behauptete, der Sohn Gottes zu sein. Entweder war dies die Wahrheit, dann ist tatsächlich er allein „der Weg, die Wahrheit und das Leben" (Joh 14,6) oder er hat gelogen. Hat er gelogen, dann sollte man ihm am besten gar nichts glauben. Wenn er uns ohnehin nur anlügt, kann er auch kein guter Religionsstifter sein.

Für mich ist Jesus alles. Die Tür zum Leben. Mein Gott und Heiland, der für meine Schulden am Kreuz bezahlt hat. Derjenige, der den Tod besiegte, damit wir Leben haben.

Wer ist Jesus für dich? Jesus fragte also Petrus, ob er ihn liebhabe. Als Vater weiß ich, warum er das fragte. Ich habe eine kleine Tochter, und ab und zu frage ich sie, ob sie mich liebhat. Ich weiß, dass sie mich liebt. Ich höre es jedoch so unbeschreiblich gerne. Ich liebe es, wenn sie mir sagt, dass sie mich liebt.

Ich glaube, dass dies einer der Gründe ist, weshalb Jesus den Petrus fragte, ob er ihn liebhabe. Er hört es so gerne.

So trug ich dann Maja meine Bitte vor: „Maja, wenn du vor Jesus stehst, tu mir bitte einen Gefallen. Sag ihm, wie sehr ich ihn liebe."

Ihr Lächeln war himmlisch: „Ja, das kann ich sehr gerne machen." So locker, so selbstverständlich kam die Antwort. Keine hochkomplizierten theologischen Auseinandersetzungen.

Nach dieser Bitte hatten wir noch hunderte Kilometer vor uns. Wir waren glücklich. Wir genossen den Augenblick. Jesus hielt sein Wort.

„Wo zwei oder drei in meinem Namen versammelt sind, da bin ich mitten unter ihnen" (Mt 18,20).

Er war da. Jahwe, der Name Gottes, bedeutet „Ich bin da". Ja, der „Ich bin da" war da ...

In den folgenden Tagen erlebten wir unendlich viel. Einiges davon wirst du noch erfahren. Ein weiteres Häkchen konnte auf Majas To-do-Liste gesetzt werden. Mit jedem Häkchen kam aber das Ende näher ...

Auf Majas Trauerfeier sprach Pastor Frank Schünemann auch von dieser Liste, und er empfahl uns allen, also auch dir und mir, eine solche Liste zu haben.

Oh, wie Recht er doch hatte. Immer wieder, wenn ich mit Sterbenden zusammen war, hörte ich von ihnen, dass sie es bereuten, nicht ihr Leben gelebt zu haben. Sie hatten zu viel Zeit in den Beruf investiert und zu wenig für sich selbst und ihre Lieben verwendet. Auf die Frage von mir, warum sie ihr Leben nicht so gelebt hätten, sagten sie mir oft, sie hätten es den anderen recht machen wollen. Außerdem haben die Menschen am Ende ihres Lebens oft Sehnsucht danach zu hören, dass sie geliebt sind. Auch möchten sie sich endlich aussprechen. Versöhnung mit sich, den Menschen und mit Gott wird dann oft sehr wichtig.

Wenn all dies im Sterben so wichtig ist, sollten wir es doch heute tun:

- **Lebe dein Leben, lass aber alle Dinge in der Liebe geschehen – in der Liebe zu Gott, zu deinem Nächsten und zu dir selbst.**
- **Sprich die Liebe aus.**
- **Vergib dir selbst. Bitte um Vergebung und gewähre Vergebung.**
- **Versöhne dich mit Gott durch Jesus Christus.**

Mach dir doch am besten noch heute eine Liste mit den Dingen, die du noch unbedingt tun willst. Lass dich nicht aufhalten, all diese Dinge noch zu tun.

Heute ist der beste Tag dafür. Heute ist der erste Tag deines neuen Lebens. Heute ist der erste Tag vom Rest deines Lebens.

Maja lebte uns einfach das Leben vor. Sie verstellte sich nicht. Sie war echt.

Maja stillte Stück für Stück ihre Sehnsüchte. Sie kannte den, der all diese Sehnsüchte in ihr Herz gelegt hatte. Und Maja liebte ihn!

Ihre „große Schwester" Anna erinnert sich:

Ich habe Maja bei „Prima Klima" kennengelernt, einer Freizeit für krebskranke Kinder. Ich war Betreuerin und sie war Teilnehmerin. Damals war ihre Chemo noch nicht lange her und sie konnte noch nicht laufen. Sie fiel sofort auf, weil sie so wunderschön war. Trotz kurzer Haare strahlten die blauen Augen und ihr Lächeln aus dem Gesicht.

Da sie noch nicht laufen konnte, habe ich sie bei einem Ausflug zur Burg auf dem Rücken getragen. Auf der Rückfahrt kuschelte sie ihren Kopf an meine Schulter. Irgendwie komisch, wenn ich jetzt so daran denke, dass wir uns damals noch kaum kannten.

Ich habe sie dann ein paar Mal auf der Station besucht; da war sie jedem bekannt! Sie hatte an alle Schwestern selbstgemachte Ohrringe und Buttons verkauft. Das war eine ihrer großen Leidenschaften. Ihre Geschenke waren immer kreativ und selbstgemacht. Je persönlicher und kreativer, desto mehr entsprachen sie Maja.

Ich hatte mich später öfter noch bei ihr gemeldet, aber da kam dann nicht mehr so viel zurück. Erst war ich total enttäuscht. Ich wunderte mich, dass sie immer nur auf den Freizeiten auf mich zukam und danach dann nicht mehr. Erst nach vier Jahren kam heraus, dass sie es damals nicht glauben konnte, dass ich etwas mit ihr zu tun haben wollte. Sie konnte nicht fassen, dass sie mir wichtig war und dass ich, als Betreuerin, mir für sie, als junge Teilnehmerin, Zeit nahm. Umso schöner, dass wir dann doch zueinander gefunden haben.

Ich denke, ich habe von Maja eine andere Seite kennenlernen dürfen. Sie war wie meine kleine Schwester und ich war ihre große Schwester. Sie konnte bei mir schwach sein, und das war gut so. Sie konnte bei mir aber auch mal launisch sein, was völlig okay war, denn obwohl sie immens stark war, war sie doch ein Mädchen in der Pubertät, das ihre Hochs und Tiefs hatte.

Dennoch war sie anders als die meisten in ihrem Alter; sie war viel reifer und stärker. Sie unterhielt sich auch mal über Klatsch und Tratsch, aber die wirklich relevanten Themen im Leben überwogen das andere um Welten. Sie dachte weiter, war rücksichtsvoll und nicht auf sich selbst fixiert. Klar war sie auch stolz, aber es war ein gesunder Stolz. So ging sie zum Beispiel bis zu ihrem Lebensende selbstständig auf die Toilette, schminkte sich, wenn sie in die Stadt ging, und zog sich gerne hübsch an. Sie liebte auch ihr Bein, obgleich dies eine große Narbe hatte. Sie saß manchmal vor mir, streichelte das Bein, küsste es und sagte: „Ich liebe dich, so wie du bist."

Man könnte auch sagen, sie liebte das Leben trotz aller widriger Umstände. Gerade die kleinen Dinge im Leben schätzte und liebte sie, wie zum Beispiel einen Sonnenstrahl oder einen Baum, der vom Wind bewegt wurde.

Da ich ein halbes Jahr im Ausland war, verpasste ich eine längere Zeit, in der es ihr gesundheitlich gutging. Ich erinnere mich deshalb auch nicht an viele unbeschwerte Tage mit ihr. Einen Tag jedoch vergesse ich nie. Sie wollte mir ihren Lieblingsplatz zeigen. Er war auf einer Mauer, von der aus man über ganz Stuttgart blicken konnte. Der Weg dorthin war sehr steil und lang. Immer wieder mussten wir eine Pause einlegen, da sie mit den Krücken am Berg sehr zu kämpfen hatte. Ich meinte, wir müssten nicht ganz hinauf, wenn es zu anstrengend sei, wir könnten einfach umdrehen. Doch sie bestand darauf, mir diesen Ort zu zeigen und lief demonstrativ weiter.

Als wir oben angekommen waren, gönnten wir uns in einem Restaurant ein riesiges Mineralwasser und genossen bis spät abends den herrlichen Ausblick, der vor allem, als die Sonne unterging, gigantisch war. Das sei ihr Lieblingsplatz, meinte sie. Man konnte in ihren Augen erkennen, wie sie den Moment festhielt und mit allen Sinnen genoss, wie sie auftankte. Sie wollte gar nicht mehr fortgehen,

was ja auch verständlich war, da ihr Lieblingsplatz nicht ohne Grund diesen Titel trug.

Eines unserer Highlights war ihre Taufe. Sie ließ sich in der Scala taufen und es war sehr bewegend. Sie wollte nur einen kleinen Kreis um sich haben, was auch total verständlich war. Sie bekam zu dem Zeitpunkt schon starke Schmerzmittel und jeder Ausflug war sehr anstrengend für sie. Die Band spielte ihre vier Lieblingslobpreislieder und ich kämpfte heftig mit den Tränen – wie auch alle anderen. Ich wollte aber stark sein, wollte, dass Maja einen Halt hatte. Als sie sich dann aber in meinen Arm kuschelte und leise zu schluchzen begann, konnte ich nicht mehr an mich halten. Wir weinten nun beide. Aber es war nicht nur Traurigkeit, nein, es war auch Freude über den besonderen Moment, über ihren Entschluss. Danach übernachtete sie das letzte Mal bei mir.

Es war alles sehr anstrengend für sie, aber weil es ihr wichtig war, zog sie es durch.

Wo Maja hinkam, war sie bekannt. Selbst meine Großeltern, die sie nur ein paar Mal gesehen hatten, fragten regelmäßig nach ihr, und wenn sie von ihr redeten, spürte ich ihre Traurigkeit und Ohnmacht bezüglich Majas Situation, aber auch so etwas wie Bewunderung. Ja, Maja ist ein bewundernswertes Mädchen; gerade im Hinblick auf ihr Vertrauen zu Jesus und ihren Vater im Himmel können wir viel von ihr lernen. Kein Mensch ist perfekt, wir machen alle Fehler und ich denke, das wissen wir. Aber Majas Leben ist ein Zeugnis von Gottes großer Kraft geworden. Sie hat sich von Gott als Werkzeug gebrauchen lassen und hat viele Menschen berührt. Gott hat zuerst in ihr und dann durch sie gewirkt, und das ist für mich persönlich Sinn und Ziel meines Lebens.

Maja hatte das verstanden und gelebt und bis zum letzten Atemzug gewusst, wo ihr Weg hingeht. Ich bin überzeugt, dass sie gerade deshalb für viele ein Vorbild war und bei Menschen, denen sie begegnet ist, Spuren hinterlassen hat. Ihre Lebensgeschichte *ist noch lange nicht vorbei, sondern geht weiter. Es ist ein Auftrag, von ihrem Glauben zu erzählen, sodass ihr Leben weiterhin ein Zeugnis für viele ist, selbst jetzt noch, wo sie es selbst nicht mehr tun kann.*

Zu ihrer Situation zuletzt passt der bekannte Spruch: „Als Gott sah, dass der Weg zu lang, der Hügel zu steil und das Atmen zu schwer wurde, legte er seinen Arm um dich und sprach: Komm heim!"

Ein Freund von mir meinte einmal: Wenn ich irgendwann sterbe und dann bei Jesus bin, will ich, dass er sagt: „Hey, ich bin stolz auf dich, das hast du richtig gut gemacht." Ich bin überzeugt, dass Maja diesen Satz bereits gehört hat.

Danke, meine Kleine, für alles.

Deine große Schwester Anna.

Ich bin so unheimlich stolz auf dich!

Das Frühstück

An unserem ersten Tag beteten wir gemeinsam. Und das taten wir immer wieder, wenn wir uns sahen oder miteinander telefonierten. Ganz oft bat sie mich um Gebet, aber selten für sich selbst. Meistens für andere, denen es nicht gut ging. Sie betete um Gesundheit für ihre Mitmenschen und um Trost für ihre Eltern und Freunde. Sie betete vor dem Essen und wir beteten gemeinsam an ihrem Krankenbett zu Hause.

Nun sitze ich hier an meinem PC und weine, wenn ich daran denke, und hoffe, der Verlag lässt diese Zeilen im Buch; es sind mir kostbare Zeilen.

„Wahrheit macht frei." In diesen Worten, die Jesus hinterließ, beschenkt er uns mit sich selbst. Er ist die Wahrheit. Er verschenkt sich ganz an uns. Auch er weinte um uns. Ein Papa, der sich nach uns sehnt. Nach unserer Liebe. Nach dir und mir.

Maja schämte sich in keiner Weise, von Jesus zu reden. Ihre Liebe war größer. Für sie war es normal, bei Tisch zu beten. So werde ich nie vergessen, wie wir eines Morgens gemeinsam am Esstisch beteten. Mit Gottes Liebe und mit Blick auf ihn gingen wir in den Tag. Mit Dank, dass er uns mit dem beschenkt, was unser Leib braucht, vor allem aber mit dem, was unsere Seele braucht – ihn selbst und seine Liebe.

Als wir an jenem Morgen am Frühstückstisch miteinander beteten, war er selbst mit uns am Tisch. Es war so besonders, so kostbar, so heilig.

Jesus hatte immer wieder Tischgemeinschaft mit den Menschen, als er auf der Erde war. Selbst am Abend vor seinem Tod saß er mit seinen Freunden am Tisch. Das bedeutet Nähe.

Gott nahe zu sein ist mein Glück (Psalm 73).

Oh, da hatten wir sehr großes Glück an diesem Morgen. Aber nicht nur damals, sondern immer dann, wenn wir ihn in unser Herz einladen. Näher kann er gar nicht sein als in unserem Herzen.

Maja betete immer, wenn man sie darum bat. Sie betete einfach und unkompliziert, denn es ist ja ein Reden mit dem himmlischen Papa. Mit ihm kann man immer und überall über alles reden, denn er ist jederzeit an jedem Ort.

Maja hat vielen Menschen das Beten nähergebracht. Das Gebet mit Maja an jenem Morgen beim Frühstück war eines der kostbarsten in meinem Leben.

Auch Petrus hatte einmal ein ganz kostbares Frühstück, nämlich ein Frühstück mit Liebe. Um die Bedeutung dieses ganz besonderen Frühstücks zu unterstreichen, habe ich folgende Geschichte verfasst. Ich hoffe, sie dringt tief in dein Herz hinein.

Frühstück mit Liebe …

Da sitzt er nun – erfüllt, glücklich, angekommen. Noch vor Kurzem fühlte er das genaue Gegenteil. Er war leer, traurig, schuldbeladen und schämte sich. Doch dieses Frühstück war kein normales, es war einfach himmlisch. Seine Gedanken ließen die letzten Jahre Revue passieren. Er war ein Fischer. Einer, der zupacken konnte. Ein Mann der Tat. Ein ganzer Kerl. Kräftig, tüchtig, ein Versorger, ehrlich, aber auch hitzköpfig und impulsiv. Für religiöse Dinge, wie sie sein Bruder Andreas praktizierte, hatte er nicht viel übrig. Jeder sollte leben, wie er es für richtig hielt. Er glaubte nur an das, was er sah und auch tatsächlich anfassen konnte. Er musste hart kämpfen, um seine Lieben und sich über die Runden zu bringen. Mal lief es besser, mal schlechter, aber so oder so, man konnte sich auf ihn verlassen.

Doch diese Begegnung mit dem jungen Nazarener vor drei Jahren hatte alles bei ihm verändert. Einfach alles. Seine Gedanken, seine Sichtweise, seine Motivation. Gut konnte er sich noch an seine erste Rebellion erinnern. Er war vom Fischen zurückgekommen. Scheinbar war kein Leben im See. Immer wieder hatten sie ihre Netze ausgeworfen und jedes Mal unverändert wieder herausgezogen, also leer. Nichts, einfach nichts gefangen. Er verstand das nicht. So schlecht war es noch nie gelaufen.

Da kam Andreas, sein kleiner Bruder, voller Begeisterung mit einem jungen Nazarener daher. Er meinte, er müsse diesen unbedingt kennenlernen. Doch dies war ein schlechter Zeitpunkt. Der denkbar schlechteste sogar. Er kannte den See wie kaum ein anderer und verstand einfach nicht, dass ihm kein einziger Fisch ins Netz gegangen war. Er fühlte sich wie ein Versager. Er haderte mit sich, seinem Verstand und all seinen Fähigkeiten. Alles konnte er nun gebrauchen, aber mit Sicherheit keine klugen Ratschläge von seinem Bruder oder womöglich von einem Fremden.

Doch dieser Fremde entpuppte sich als anders, anders als alle Menschen, die er bisher kennengelernt hatte. Es war der Blick, die ganze Ausstrahlung. Als dieser ihn bat, die Netze nochmals auszuwerfen, da tobten mächtige Kämpfe in ihm. Was bildete sich dieser Fremdling ein? Niemand kannte den See besser als er. Wenn er schon nichts gefangen hatte, wie sollte dann einer, der keine Ahnung vom Fischen und dem See hatte, etwas fangen?!

Doch irgendetwas in ihm sagte, dass er es doch versuchen sollte. Wenn auch nur, um später festzustellen, dass er, Simon, recht gehabt hatte. So ließ er sich auf dieses Abenteuer ein. Nie sollte er vergessen, was dann passierte. Er fing so viele Fische wie nie zuvor in seinem Leben. Unendlich viele Stunden hatte er auf diesem See verbracht und schien ihn doch nicht zu kennen. Hunderte von Stunden war er dort draußen alleine gewesen und hatte sich Gedanken um sich, seine Familie und Gott und die Welt gemacht.

Nach dem grandiosen Fang hatte Simon den Eindruck, jemanden gefunden zu haben, der nicht nur den See besser kannte, sondern der auch ihn besser kannte als er sich selbst. Er beschloss, mehr von diesem Jesus erfahren zu wollen. Er entschied sich deshalb, einen neuen Weg zu gehen und mit dem Wanderprediger umherzuziehen. Es zerriss ihm das Herz, als er seiner Familie seinen Entschluss mitteilte. Es sollte zunächst nur für ein paar Wochen sein, maximal für ein paar Monate.

Seine Familie nahm seine Entscheidung traurig zur Kenntnis, aber er war derjenige, der das Sagen hatte. Später tratschten sie im Dorf über ihn und allerlei Gerüchte kamen auf. Doch seine Familie vertraute darauf, dass er das Richtige tat. Immer wieder stellte er sich selbst die Frage, ob es wohl die richtige Entscheidung war, mit diesem jungen Nazarener mitzugehen. Doch gerade um das herauszufinden, musste er es tun.

Seine Vorstellung vom Leben und von Gott, ja eigentlich von allem, wurde komplett über den Haufen geworfen. Er erlebte eine Liebe, die er nie zuvor kennengelernt hatte. Er sah mit eigenen Augen, wie Blinde wieder sehen und Lahme wieder gehen konnten und wie gebundene Menschen im Herzen wieder frei wurden. Sogar Tote wurden wieder lebendig. All das sah und erlebte er selbst mit.

Obwohl dieser Jesus nur gab, ein Wunder nach dem anderen für andere vollbrachte und nie etwas für sich selbst forderte, kam ihm immer mehr

Hass, Neid und Feindschaft entgegen. Simon verstand das nicht. Nie zuvor hatte er jemanden wie ihn erlebt und er war sich sicher, dass es auch noch nie einen wie ihn gegeben hatte oder je wieder geben würde.

„Wer bin ich für Euch?", fragte sein Meister und Freund eines Tages in die Runde. Nun wusste Simon, dass es an der Zeit war, auszusprechen, was in seinem Herzen war. Eine seltsame Stille kam im Kreis der Freunde auf, keiner traute sich, etwas zu sagen. Hatten sie zu viel Ehrfurcht oder waren da noch Zweifel? Er wusste es nicht, doch er war sich sicher: „Du bist Christus, der Sohn des lebendigen Gottes."

Jetzt war es raus, egal, was die anderen dachten. Er hatte sich sowieso nie viel darum gekümmert, was andere dachten. Nun wusste er, warum er damals den Entschluss gefasst hatte, Jesus zu folgen und alles hinter sich zu lassen. Deshalb hatte er den Klatsch der Leute in Kauf genommen und auch den Zweifel seiner Familie, seiner Nachbarn und seiner Fischerkollegen.

Jesus war es wert. Immer hatte er Sehnsucht nach dem Himmel gehabt und nun war der Himmel sogar zu ihm gekommen. In diesem Augenblick wurde ihm auch bewusst, dass diese Erkenntnis Konsequenzen haben würde. Es galt weiterzusagen, dass Gott zu den Menschen gekommen ist – von einer Jungfrau geboren, in einem Stall zur Welt gekommen.

Nun zogen sie durchs Land, ein paar Männer und einige Frauen, darunter eine ehemalige Prostituierte. Sie waren schon eine kuriose Gruppe. Wie oft musste er schmunzeln, wenn er über sich und seine Weggefährten nachdachte. Maria Magdalena wollte man noch vor Kurzem wegen Ehebruchs steinigen. Matthäus, dieser Blutsauger, hatte mit den Römern gemeinsame Sache gemacht. Sein Namensvetter Simon war ein Zelot. Mit solchen Leuten hatte er nie in Verbindung gebracht werden wollen. Ein seltsamer, aber liebevoller Haufen mit all den anderen dazu. Es gab viel zu lachen auf den staubigen Straßen, aber auch unendlich viel zu Staunen. Je länger sie mit Jesus unterwegs waren, desto mehr glaubten sie ihn zu kennen und sein Handeln zu erahnen, doch immer wieder überraschte er sie aufs Neue.

Jesus verköstigte Tausende mit zwei Fischen und fünf Broten. Er gebot dem Sturm. Er spielte ausgelassen mit den Kindern. Er gab ihm einen neuen Namen, indem er ihn „PETRUS", der Fels, nannte. Ja, das passte, er war kantig, ein harter Typ, auf den man bauen konnte. Konnte man wirklich auf ihn bauen? Dachte seine Familie auch noch so über ihn, nachdem er nun schon so lange weg war? Und seine Freunde und Nachbarn von damals, was dachten diese?

Jesus berührte den Leprakranken, bevor er ihn heilte. Das berührte auch Petrus im Herzen, da er wusste, dass dieser Mensch bestimmt seit Jahren von niemandem mehr berührt worden war. Später war sich Petrus sicher, dass diese Berührung noch wertvoller war als die Heilung selbst.

Trotz all dieser Liebe wurde es unruhiger um Jesus und ihre Gruppe. Immer öfter sprach Jesus vom Sterben. Er, Petrus, verstand das nicht. Jemand, der nur Gutes tat, wie könnte man so jemanden töten wollen?

Doch es kam, wie es kommen musste. In Jerusalem sollte sich alles entscheiden. Von Tausenden wurde Jesus empfangen und Petrus kam

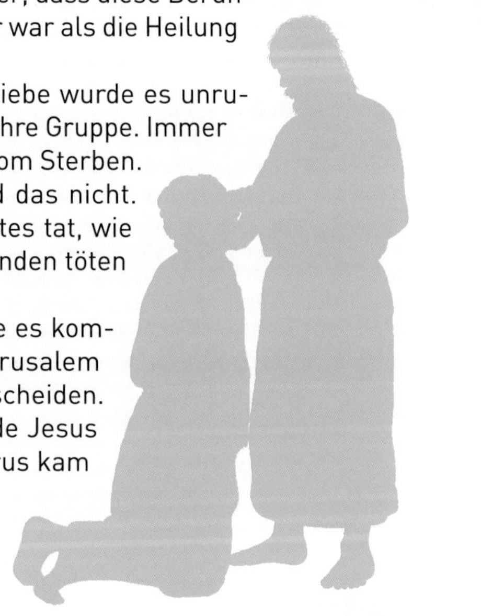

es irgendwie vor, als würden sie auch ihm zujubeln. Noch niemals hatte man ihm zugejubelt. Draußen auf dem See war nur das Brausen des Windes und das Prasseln des Regens auf dem alten Schiff zu hören. Dort draußen war es still. Dort wurden keine Hymnen gesungen, gab es keinen Jubel, kein Geschrei. Hier jedoch genoss er den Jubel im Meer der Menschen. Jesus ritt damals auf einem Esel in Jerusalem ein. Petrus schwebte förmlich neben ihm. Es fühlte sich so gut und leicht an neben ihm.

Kurze Zeit später „räumte" Jesus im Tempel auf. Das Heiligtum der Juden glich damals eher einer Spelunke, einer Räuberhöhle. Jahrelang wurde dies von vielen Menschen beklagt, doch keiner traute sich, dagegen vorzugehen. Jesus tat es! Er warf sie alle raus. Er kippte Tische um und ließ die Tiere frei. Oh ja, das hatte Spaß gemacht. Das war mal was ganz Anderes. So hatte er Jesus zuvor noch nie erlebt. Voller Feuer! Er war beeindruckt von diesem Mann, der Wasser in Wein verwandelte, der auch Kindern und Frauen, ja, jedem Menschen Wertschätzung entgegenbrachte, und dessen eiferndes Feuer den Tempel von Geldwechslern und Händlern säuberte. Nie zuvor hatte er ihn so erlebt. Das gefiel Petrus gut. Es war toll. Er wusste in dem Moment, dass dies ein heftiges Nachspiel haben würde, aber in seinem Herzen spürte er, dass es richtig war.

Kurz darauf hatte Jesus etwas ganz Besonderes geplant. Er wollte an einem besonderen Ort mit seinen Freunden zu Abend essen. „Liebt einander, wie ich euch liebe", war seine Bitte. Petrus musste schlucken, da er selbst diese Liebe hatte erleben dürfen. Doch zu jenem Zeitpunkt war es ihm noch nicht klar, dass der Abend unvorstellbar werden würde. Er, der Sohn Gottes, kniete sich vor ihm nieder und wusch ihm die Füße. Der, dessen machtvolles Wort die Sterne an den Himmel gesetzt und den Planeten ihre Bahn gegeben hatte, dessen Hände heilten und den Leprakranken eine himmlische Berührung gaben. Diese Hände wuschen nun seine Füße.

Immer war Jesus im Zentrum des Geschehens, wie damals, als Jesus ihm und seinen Freunden nachts auf dem Wasser entgegengelaufen war und sie gedacht hatten, er sei ein Gespenst. Damals hatte Petrus das Unglaubliche gewagt: Er war selbst auf dem Wasser gelaufen und nur die Sohlen waren nass geworden. Mehr nicht! Das Unglaubliche hatte funktioniert, er war auf dem Wasser gelaufen. Solange er auf Jesus geschaut hatte, hatte das wunderbar geklappt, doch als er dann auf Wind und Wellen schaute, ging er unter. Viel zu oft hatte er in seinem Leben auf Wind und Wellen geschielt und war dabei in Angst, Selbstmitleid, Bitterkeit oder Wut versunken. Damals drohte er im aufgewühlten See zu ertrinken. Doch selbst dort hatten ihn die Hände Jesu gehalten, die nun seine Füße reinwuschen und abtrockneten.

Mit genau diesen Füßen lief er später von Jesus weg. Er verleugnete seinen besten Freund und seinen Gott, obwohl er vorher große Töne gespuckt und versprochen hatte, er werde ihm immer folgen und sogar sein Leben für ihn lassen. Dreimal schrie er in die Welt hinaus, Jesus nicht zu kennen. Dessen Todesurteil war gesprochen. Alles schien vorbei zu sein. Petrus floh! Währenddessen schlugen sie seinen Freund ans Kreuz.

Und dann saß er wieder in einem Boot, wie damals als er ihn kennenlernen durfte. Drei Jahre waren seitdem vergangen. Er fühlte sich nun noch einsamer, schlechter und schuldiger als je zuvor. Außer ein paar Erinnerungen hatte er nichts mehr. Seine Familie, seine Freunde, Kollegen und Nachbarn hatte er verlassen – nicht, weil er sie nicht liebte, sondern weil er der Liebe folgte. Er wusste, Jesus war die Liebe in Person. Doch er wusste auch, dass er diese Liebe verraten hatte. Sein Mundwerk war größer gewesen als sein Mut. Feige abgehauen war er, selbst seine Begleiter schauten ihn komisch an, obwohl doch auch sie nicht viel mutiger als er selbst gewesen waren. Wieder einmal warf er die Netze aus, damit kannte er sich aus. Ja, diese Netze waren ihm vertraut. Damals hatte er jämmerlich versagt, nie zuvor hatte er sich so geschämt und zu keinem Zeitpunkt in seinem Leben sich so schuldig gefühlt wie an diesem Tag auf dem alten Fischerboot. Jesus hatte zwar angekündigt, das Grab als Lebendiger zu verlassen, aber wieder hatte Petrus gezweifelt, hatte es nicht glauben können. Wie so oft in seinem Leben. Er hatte Zweifel an sich und anderen, sogar Zweifel an Gott.

Doch inmitten von Zweifel, Hoffnungslosigkeit und Resignation, inmitten von Schuld, Versagen und Scham vernahm seine Nase den Geruch eines leckeren Frühstücks und seine Augen sahen den, der es zubereitet hatte. Er war wieder da! Jesus!!! Alle seine Sinne gaben Petrus zu verstehen, dass ihn keine Ablehnung erwarten würde. Keine Anklage. Wenn er früher als Junge etwas angestellt hatte, wusste er, dass es abends vom Vater eine Standpauke geben würde. Hier jedoch gab es in Jesus die Liebe Gottes vom Vater. Und dazu tatsächlich noch ein leckeres Frühstück. Petrus sprang vor Freude mit den Kleidern ins Wasser und schwamm dem Frühstück, seinem Freund und Gott entgegen. Am Ufer angekommen, fielen sich die beiden in die Arme.

Nun war er zu Hause. Zu Hause in Gottes Armen. Von der Welt zwar abgelehnt, aber von Gott angenommen. Er spürte seine alten Lasten nicht mehr, nur Liebe umgab ihn. Und wieder schaute er ihm in die Augen – wie bei seiner ersten Begegnung. Es war ihm, als würde er in den offenen Himmel blicken.

Nun saßen sie beim Frühstück zusammen. Bei der letzten Begegnung war es ein Abendessen gewesen. Hände, die Kranke geheilt und seine Füße gewaschen hatten, hatten dieses himmlische Frühstück zubereitet.

„Hast du mich lieb, Petrus?" Diese Frage traf ihn im Herzen. Warum fragte er, der doch alle Antworten kannte und die Wahrheit in Person war. Später glaubte Petrus auch zu wissen, warum, denn auch er selbst fragte manchmal seine Kinder, ob sie ihn liebhätten. Obwohl er das doch wusste, war es die Sehnsucht eines Vaters, der danach verlangte, zu hören, dass er geliebt ist. Jesus fragt Petrus sogar noch ein zweites und drittes Mal. Dreimal. Genau so oft hatte er behauptet, Jesus nicht zu kennen, und jetzt fragte ihn Jesus dreimal nach seiner Liebe zu ihm. Keine Anklage, keine Zurechtweisung, kein Richterspruch, nichts als ein leckeres Frühstück und die Frage: „Hast du mich lieb?"

Dort, bei diesem Frühstück mit Liebe, wurde Petrus wirklich frei. Inmitten seiner Schuld, seiner Einsamkeit und seiner Scham begegnete ihm Gott durch Jesus in einer unbeschreiblichen Liebe. Er klagte ihn nicht an und forderte nichts, sondern fragte nur nach Liebe. Er hatte Sehnsucht nach der Liebe dessen, der ihn verleugnet und im Stich gelassen hatte. Dort, bei diesem wunderbarsten Frühstück der Menschheitsgeschichte, hatte Petrus die Gewissheit: Alle Opfer waren es wert, diesem Jesus nachzufolgen. Die Sehnsucht nach seiner Familie, ebenso wie der Schmerz, den das Getratsche der Leute in seinem Leben hinterlassen hatten. Das Leben mit Jesus war es wert, oft kein Dach über dem Kopf gehabt zu haben. Viel hatte er verloren, und doch hatte er, Petrus, alles gewonnen.

„HERR, du weißt, dass ich dich lieb habe“, antwortete Petrus. Was damals bei diesem Frühstück gesagt wurde, findet nun seit 2000 Jahren Widerhall. Millionen rufen es im Chor: „Herr, du weißt, dass wir dich liebhaben.“

Viele starben und sterben noch für dieses Bekenntnis. Viele gaben und geben immer noch viel auf. Viele von Jesu Nachfolgern fühlen sich manchmal schuldig, sind einsam oder schämen sich. Doch inmitten all dieser Unzulänglichkeit atmen sie den Duft des liebevoll zubereiteten Frühstücks ein und versinken in Jesu Armen. Mitten in all unserer Schwäche bitten wir dich, Gott:

„Lass uns gemeinsam auf dem Wasser gehen.“
„Lass uns gemeinsam die Ausgestoßenen besuchen.“
„Lass uns gemeinsam Füße waschen.“
„Lass uns gemeinsam lachend durch die verstaubten Straßen dieser Welt gehen.“

2000 Jahre sind vergangen ... es hat sich nicht viel verändert. Viele lehnen Jesus immer noch ab, und jene, die ihn lieben, sind oft mutlos und traurig und werden immer wieder schuldig (dazu gehöre ich) ...

Die Geschichte von Petrus ist auch ein Stück meiner eigenen Geschichte. Oft benehme ich mich wie Petrus. Der Welt bekenne ich meine Liebe zu Christus und habe doch oft nur eine große Klappe, werde mutlos und verhalte mich wie ein Feigling. Doch auch ich darf immer wieder erleben, dass Jesus mich nicht anklagt, sondern immer wieder an seinen Tisch einlädt.

Petrus erlebte ein „Frühstück mit Liebe“, ja, mit der Liebe selbst. Gott ist Liebe. Er ist in seinem Sohn Mensch geworden und zu uns gekommen.

Bitte teile diese Geschichte mit dem Rest der Welt. Viele sehnen sich nach dem Himmel, doch der Himmel ist bereits zu uns gekommen. Viele sehnen sich nach wahrhaftiger Liebe und suchen in dieser Welt verzweifelt danach. Doch die Liebe ist bereits zu uns gekommen. Viele leben einsam in Schuld, Zweifel und Scham und sehen sich nach Freiheit, doch die Freiheit wurde uns bereits geschenkt.

All dies ist jederzeit für uns erhältlich. Gott ist von jedem von uns nur ein Gebet weit entfernt.

Siehe ich stehe vor deiner Tür und klopfe an, und wer mir auftut, dort werde ich einkehren und das Mahl mit ihm halten (Off 3,20).

Während wir noch denken, in Abgründen zu sein, hat er bereits den Tisch für dich und mich gedeckt. Er wird dich und mich immer wieder fragen: „Hast du mich lieb“?

Was für ein Gott, der uns nahekommt, Frühstück macht und nach unserer Liebe fragt! Was für ein Frühstück!

Was für ein Frühstück auch damals mit meinem Sohn, meiner Kollegin Hilda und mit Maja!

Wir durften ein wenig davon erleben, was Petrus erlebt hatte.

Ein Frühstück mit Liebe.

Ein Frühstück mit Gott selbst.

EIN FRÜHSTÜCK MIT DER LIEBE.

Erinnerungen von Majas Freundin Alessia:

Maja lag es am Herzen, die Welt zu verändern. Als sie sich gegen eine weitere Chemotherapie entschieden hatte und somit klar war, dass sie nur noch wenige Monate auf dieser Erde verbringen würde, machte sie viele Pläne. Sie hatte noch einige Wünsche und Ziele, Dinge, die sie noch erleben wollte. Ihr allerdings bei weitem größter Wunsch war, anderen Menschen zu helfen. Sie wollte für kranke Menschen da sein. Sie besuchte Kinder und Jugendliche im Krankenhaus, ermutigte sie, machte Geschenke. Sie brachte eine Freude mit auf die Krankenstationen, die nicht von dieser Welt war – und das, obwohl sie selber todkrank war.

Als Maja im März 2015 bei mir in Konstanz war, bastelten wir für eine gute Freundin, die leider nach einigen Jahren einen Krebsrückfall bekommen hatte, ein Kissen. Maja war sehr kreativ, sie liebte es zu basteln und sich darin „auszutoben". Gemeinsam überlegten wir uns, wie wir dieser Freundin eine Freude machen und sie ermutigen konnten. Wir entschieden uns für die Aufschrift „Trust in his Love". Zu diesem Zeitpunkt wusste Maja selber noch nicht, ob sie wirklich Gottes Liebe vertrauen konnte. Es war eine tägliche Herausforderung für sie und eine tägliche Entscheidung, darauf zu vertrauen, dass sie Gott wichtig ist und dass er sie im Blick und alles unter Kontrolle hat. Die Worte „Trust in HIS Love" pflanzten sich von diesem Zeitpunkt an immer mehr in ihr wunderbares Herz ein. Sie bekam mehr und mehr die Gewissheit, dass sie Gott unendlich wichtig ist. Ich kann es bezeugen: Ja, sie vertraute Jesu Liebe und war überzeugt von Gottes gutem Plan für ihr Leben.

Ich glaube, dass Jesus Wunder tut, jeden Tag gibt es doch so viele kleine Wunder ... Und ich glaube, dass er mein Wegbegleiter ist, der mich auf dem richtigen Weg führt. Wenn der irdische Tod jetzt das Ziel sein soll, bin ich einverstanden, wenn ER dabei ist. (Maja, 2015)

Maja schickte mir ein Bild aus ihrem Urlaub in Florida. Sie hatte die Zeichen „Kreuz = Herz" in den Strand von Miami gemalt. Sie hat wirklich verstanden, dass das Kreuz – der Tod Jesu – der größte Liebesbeweis war, den die Welt je gesehen hat. Sie fand es immer erstaunlich und war sehr berührt davon, wie Gott diese Welt (und sie selbst) so sehr lieben konnte, dass er seinen Sohn Jesus für alle Schuld dieser Welt am Kreuz sterben ließ.

Als ich eine sehr anstrengende Phase an der Uni hatte, die mich sehr herausforderte und in der ich manchmal Angst davor hatte, was die Zukunft bringen würde, schrieb Maja mir diese Nachricht: „Ganz egal, wie die Zukunft sich entscheidet, es wird gut sein. Denn du hast einen Gott an deiner Seite, der einen super Plan für dich hat." Das waren die Worte, die ich ihr zu sagen pflegte, wenn wieder mal ein gesundheitlicher Rückschlag gekommen war. Nun war Maja älter, reifer und weiser geworden. Sie ermutigte mich mit eben diesen Worten und ich war sehr stolz, ihre Entwicklung mitverfolgen zu dürfen, und sehr froh, sie als Freundin zu haben.

Sie drückte oft ihre Dankbarkeit aus: „Ich bin so dankbar, dass ich dich kennen darf, Alessia." „Danke, dass es dich gibt. Du bist so ein toller Mensch, Alessia."

Als ich mir wieder einmal Sorgen um einen Jungen machte, der einen Hirntumor hatte und dem deshalb eine schwere OP bevorstand, schrieb sie mir:

Hab keine Angst davor. Wir haben einen Gott, der den richtigen Weg einschlägt und uns beschützt. Das ist der Grund, warum ich jeden Tag mit vollem Stolz aufstehen kann und mein Leben in seine Hände lege.

Genau dieser Gott wird auch bei (...) sein und ihn lenken. Da bin ich mir sicher. Er wird nicht unüberlegt handeln, sondern mit Bedacht auf das, was danach kommt. Du musst Gott vertrauen. Wie du weißt, sind Gottes Pläne nicht immer die unseren, aber die richtigen! Man kann auf dieser Welt nichts festhalten, und daran will Gott uns, glaube ich, auch oft erinnern. Wir sollen den Moment schätzen, da er nie zurückkommt."

Ein anderes Mal schrieb sie mir: „Als meine Freundin damals gestorben ist, war ich so sauer und enttäuscht, weil ich nicht verstehen konnte, warum sie sterben musste. Jetzt verstehe ich es zwar auch nicht, aber ich weiß, dass es jemanden gibt, der es versteht, und ich vertraue ihm und bin einfach megadankbar für die Megazeit mit ihr!" (Maja, 2015)

Einmal schrieb sie mir folgende Worte, die mich sehr ermutigten: „Du hast so ein großes Herz, Alessia. Du machst dir immer sehr viele Gedanken über

solche Sachen und tust, was du kannst, Alessia, und das ist gut. Aber jetzt bitte ich dich, dafür kurz klar und deutlich zu beten und dann nicht mehr darüber nachzudenken, sondern darauf zu vertrauen, dass Gott das managen wird." (Maja, 2015)

Als ich Maja per Handy mal einen Gruß von Michael ausgerichtet habe, antwortete sie: „Oh wie cool. Sag ihm, dass ich jetzt grad mit stolzem Lächeln vor meinem Handy sitze und diese Nachricht lese. Ganz liebe Grüße zurück." (Sie war sehr dankbar und hat so viele Dinge im Leben geschätzt.)

Als Maja von der Reha aus einen Ausflug nach Konstanz machte, schrieb sie mir: „Wir sind daaa … Würd am liebsten gleich zur Church." Maja hat es einfach immer ins Haus Gottes gezogen. Sie hat die Kir-

che geliebt. Sie liebte die Menschen, die Musik, die Gespräche, die sie dort haben durfte.

„Ja, es ist meine Entscheidung, dass ich keine Chemo mehr mache, und ich bin damit zufrieden. Ich bitte dich nicht, um ein Wunder zu beten, sondern dafür, dass die Zeit nicht allzu kurz sein wird, sodass ich noch alles machen kann, was ich mir vorgenommen habe … und dass ich noch vielen Menschen helfen kann, egal in welcher Form." (Maja, 2015)

„Voll cool, dass die für mich beten. Das freut mich voll zu hören irgendwie." (Maja, 2015)

Das Lied „Wie schön du bist" von Sarah Connor war in den letzten Monaten neben „Photograph" von Ed Sheeran ihr absolutes Lieblingslied. Sarah singt von Schönheit und davon, wie schön auch Narben sein können. Genau diese Stelle hat Maja immer sehr angesprochen, da sie selber sehr, sehr viele Narben hatte. Für sie waren Narben immer schöner als Tattoos. Jede Narbe war eine Trophäe für sie. Jede Narbe erzählte ihre eigene Geschichte. Jede Narbe war wunderschön, denn sie war besonders und zeigte einen Sieg.

Maja hat selten geklagt. Sie hat immer gesagt, dass es ihr gut geht. Ihre Einstellung war: „Mir geht es gut, was in ein paar Monaten ist, weiß ich ja nicht." Sie wollte absolut kein Mitleid, sondern die letzte verbleibende Zeit auf dieser Erde mit Menschen verbringen, die sie liebhatte, mit Menschen, die ihre Hilfe brauchten, mit Menschen, die einsam waren und die sie besuchen konnte.

Maja hat die Schöpfungsgeschichte geliebt. Als ich im Februar bei ihr war und es ihr schon nicht mehr so gut ging, hat sie mich gebeten, etwas aus der Bibel vorzulesen. Als ich sie fragte, ob sie eine bestimmte Geschichte im Kopf habe, sagte sie:

Meine Lieblingsgeschichte in der Bibel ist die, als Gott die Welt erschaffen hat. Ich finde es cool, dass er so viel Wert aufs Detail gelegt hat und alles so wunderschön gemacht hat. Am tollsten finde ich die Stelle, wo steht, dass er uns mit seinen Händen geformt hat.

Dies sagte sie mit einem Strahlen in den Augen! Sie hat die Natur sehr geliebt

Ich liebe es, wenn die Sonne scheint und der Wind weht. (Maja)

Dies waren einige Geschichten, die ich im letzten Jahr mit Maja erleben durfte. Für mich persönlich ist darin ihr Glaube an Jesus Christus das größte Wunder überhaupt. Als ich Maja kennenlernte, kannte sie

Jesus noch nicht. Ich hatte das Privileg, ihre Zimmerbetreuerin auf ihrer ersten Freizeit für krebskranke Kinder zu sein. Damals war sie zehneinhalb Jahre alt. Als ich Maja sah, dachte ich sofort an einen Engel. Sie saß da in ihrem Rollstuhl, klein, zierlich und schüchtern. Ihre Augen glänzten wie Diamanten. Ich wusste sofort, dass sie ein ganz besonderes Mädchen war und ihre Geschichte eine besondere werden würde.

Dies war der Beginn unserer Beziehung. Wir bauten die Jahre über eine Freundschaft, die immer tiefer und tiefer wurde. Ich bin wirklich stolz, sagen zu können, dass ich Teil ihrer Geschichte war und miterleben durfte, wie Maja immer näher und näher an Jesu Herz wuchs. Die anfängliche Skepsis verwandelte sich in eine Überzeugung, dass ER lebt und dass ER sie liebt. Maja bekam eine persönliche Offenbarung darüber, wer Gott ist und was für große Pläne er für ihr Leben hat. Und seine Pläne waren sehr groß.

Das, was Maja in ihren sechzehn Jahren alles erlebte, erleben andere in 70 oder 80 Jahren nicht. Ich spreche nicht von Urlauben, Partys und Beziehungen. Ich spreche von „dem echten Leben". Maja hat ihre Welt, ihr Umfeld verändert. Menschen, denen sie begegnet ist, wurden durch ein Lächeln, ein nettes Wort, eine Ermutigung oder ein Gespräch verändert. Maja zeigte, was es bedeutet zu lieben, sie zeigte, was es bedeutet, Jesus in all ihren Umständen zu vertrauen und ihn nicht anzuklagen.

Maja machte immer deutlich, dass es viel wichtiger und wertvoller ist, eine kurze Zeit mit Jesus, als ein langes Leben ohne Jesus zu leben. Ich habe immer um Gesundheit gebetet. Aber mehr noch als für ihre körperliche Gesundheit, habe ich für Gesundheit in ihrem Herzen gebetet. Und da wurde sie gesund. Es war atemberaubend und herzzerreißend, sie im Lobpreis zu sehen, mitzuerleben, wie sie Gott anbetete und dankbar war. Anstatt negativ zu sein und auf das zu schauen, was sie nicht hatte, dankte sie Gott für das, was sie hatte.

Ich hatte das Privileg, sie einen Teil ihres Lebens begleiten und mitprägen zu dürfen. Doch dies war keineswegs einseitig. Ich bekam mindestens genauso viel zurück. Von diesem Mädchen, das fünfeinhalb Jahre jünger war als ich, durfte ich so viel lernen. Für all die Jahre bin ich Gott unendlich dankbar. Dankbar, dass ich sie kennenlernen durfte. Manchmal kommt es mir wie ein unglaublich schöner Traum vor. Ich freue mich sehr, Maja wieder zu treffen, mit ihr zu singen, zu lachen, zu tanzen und einfach unbeschwert jung zu sein, ohne Schmerzen, Leid, Krankheit oder Tod.

36 Der Papa im Himmel

Wir rechneten mit etwa 100 bis 150 Menschen, die zu unserem Vortrag in ein Kino in einer ostdeutschen Stadt kommen sollten. Nun ja, es war wohl mehr die Hoffnung des Veranstalters. Eine christliche Gemeinde hatte uns eingeladen, der Großteil des Publikums aber war wohl eher atheistisch. Es kamen dann jedoch nicht die erhofften einhundertfünfzig, sondern über dreihundert Gäste. Der Kinosaal war überfüllt. Man brachte noch Stühle herein, damit alle einen Platz finden konnten.

Das Thema war „Vater-Sehnsucht“, in Anlehnung an einen Buchtitel von mir. So erzählte ich den aufmerksamen Zuhörern zuerst meine eigene Vatergeschichte und dann erzählte ich ihnen vom Vater aller Väter. Am Ende des Vortrags bat ich Maja zu den Menschen zu sprechen; wir hatten dies zuvor so ausgemacht. Da stand sie nun, ohne aufgeregt zu sein. Locker und frei begann sie zu sprechen.

„Hallo, ich bin die Maja, ich bin 15 Jahre alt und habe Krebs und ich muss wohl bald sterben“, so begann sie ihren Vortrag. Die ersten fingen an zu weinen.

Und Maja tröstete sie! Sie, die kaum noch Zeit hatte, tröstete jene die vielleicht noch viel Zeit hatten. Sie spendete Kraft, obwohl ihre eigene bald zu Ende ging.

Am Schluss sagte sie den Zuhörern noch Folgendes:

Ihr müsst nicht weinen, ich gehe nur nach Hause. Der himmlische Vater wartet auf mich. Er steht mit ausgebreiteten Armen im Himmel und wartet auf mich. Kennt ihr ihn? Habt ihr diesen Papa schon in Euer Herz gelassen?

Damit beendete sie ihren kurzen Vortrag, ihr Liebeszeugnis für Gott. Jeder, aber wirklich jeder im Saal war gerührt. Jeder wusste in diesem Augenblick, dass dieses Mädel die Wahrheit sagte.

Angesichts des nahen Todes herrschte wirklich eine Totenstille im Saal. Viele zückten ihre Taschentücher, schnieften und tupften ihre Tränen weg. Die Band spielte noch ein Abschlusslied, Maja lag währenddessen in meinen Armen und drückte ihren Kopf an meine Schulter.

Hunderte von Menschen erlebten diesen Engel, diese Botin Gottes, dieses wunderbare, dankbare Kind, das Jesus Christus von ganzem Herzen liebte und ihm vertraute – auch wenn es menschlich gesehen keine Hoffnung mehr gab.

In ihrer Nähe verstummten die Spötter und die Zweifler, jene, die gerne alles zu Tode diskutieren müssen. Ihr Glaube, ihre Hoffnung und ihre Liebe gründeten in Gott allein.

Nach dem Vortrag brachte man eine Teenagerin zu ihr, die wenige Tage zuvor ihren Vater verloren hatte. Maja nahm sie in den Arm und hielt das Mädchen ganz fest. Sie, die selbst kaum stehen konnte. Sie, die nur noch kurze Zeit zu leben hatte, tröstete jene, deren Papa ihr in die Ewigkeit vorausgegangen war. Ja, sie hielt sie fast eine Stunde lang in ihren Armen. Unfassbar, so etwas habe ich noch nie gesehen. Wie viele flüchtige Umarmungen habe ich schon erhalten und ausgeteilt. Niemals jedoch eine Stunde lang.

Ich war mir sicher, durch Maja kam Gott dem Mädchen nahe. Gott selbst hielt das Mädchen eine Stunde lang in seinen Armen. Gottes Liebe lebte durch Maja, und das sollte sie auch durch einen jeden von uns, durch dich und mich.

In jener Nacht gingen wir dann alle ins Hotel. Maja, Hilda, Manuel und ich. Dabei passierte etwas sehr Lustiges. Wir saßen im Hotelflur auf der Treppe und lachten, bis wir Bauchschmerzen hatten. Wir lachten und lachten und hielten uns die Bäuche. Noch Tage und Wochen später lachten wir darüber. Selbst jetzt, beim Schreiben, lächle ich an meinem PC. Mit Maja konnte man gut lachen. Weinen, lachen, beten, schweigen, echt sein, seinem Herzen freien Lauf lassen – all das, was unser Menschsein wirklich ausmacht, erlebte ich persönlich mit ihr und viele andere auch, vielleicht sogar du beim Lesen ihrer Geschichte.

Am folgenden Tag sprach sie bei zwei Schulgottesdiensten und vor einer Klasse über ihr Leben, das nun bald zu Ende ging. Sie gab soviel Hoffnung weiter.

Sie ermahnte die Kids, miteinander in Liebe und Wertschätzung umzugehen und auch die Eltern zu ehren, die es oft schwer haben.

Sie sprach in diesen Tagen in so viele Herzen hinein und säte kostbares Saatgut aus. Ich bin mir sicher, dass sie viele Leben zum Guten verändert bzw. Anstöße dazu gegeben hat.

Wie gerne würde ich mit ihr um die Welt reisen. Diese kranke Welt braucht Menschen wie Maja. Sie braucht dich und mich. Sie braucht letzten Endes nur Liebe. Sie braucht Gott. Gott jedoch hat man abgelehnt, als er in diese Welt kam.

Maria und Josef suchten damals vergeblich eine Herberge; nirgendwo war Platz für Jesus: „Wir sind schon voll", bekamen sie zur Antwort.

Pilatus ließ dem Volk die Wahl: „Barabbas oder Jesus." Sie entschieden sich für einen Mörder. Jesus wollten sie wieder nicht haben.

Er (Jesus) kam in sein Eigentum, und die Seinen nahmen ihn nicht auf. Allen aber, die ihn aufnahmen, denen gab er das Anrecht, Kinder Gottes zu werden, denen, die an seinen Namen glauben (Joh 1,11 SLT).

Maja war ein Kind Gottes, denn sie hatte ihn in ihr Herz aufgenommen. Sie gehörte nicht zu denen, die ihn ablehnten, sondern zu denen, die das Anrecht bekamen, seine Kinder zu sein.

Maja ist nun beim himmlischen Papa. Maja ist zu Hause.

Nachdem sie schon auf Erden so strahlte, wie sehr strahlt sie jetzt wohl im Himmel?

Kein Auge hat je gesehen, kein Ohr hat je gehört, und kein Mensch konnte sich jemals auch nur vorstellen, was Gott für die bereithält, die ihn lieben (1. Kor 2,9).

Liebe Maja, wie sehr würde ich jetzt gerne sehen, was du siehst, hören, was du hörst, und fühlen was du fühlst. Noch ist es nicht an der Zeit. Aber eines Tages werde ich nachkommen und gemeinsam mit dir staunen.

Meine Zeit mit Maja ...

Nur noch ein paar Stunden, und dann sollte Maja auf dem Bahnhof in Bopfingen ankommen, um uns auf ein Zwei-Tages-Projekt in Ostdeutschland zu begleiten. Dieses wunderbare Mädchen, das ich zuvor erst einmal bei einem Projekt für krebskranke Kinder gesehen hatte ...

Michael und ich fuhren zum Bahnhof und warteten gespannt auf den Zug, der schon kurz darauf ankam. Flink und scheinbar ohne Probleme stieg sie aus dem Zug (obwohl sie eine Krücke zum Laufen brauchte) und kam freudestrahlend auf uns zu. Was für ein Mädchen, dachte ich mir, drückte sie und stellte mich auch ihrem Vater vor, der sie begleitet hatte. Ein einfacher, bescheidener Mensch, der voller Fürsorge für Maja war. Wir sprachen kurz miteinander und gaben ihm Tipps, wo er in der Stadt am besten einen Kaffee trinken konnte, bis sein Zug wieder zurückfuhr. Dann brachen wir mit Maja auf ...

Sie hat uns während dieser beiden Tage unfassbar beschenkt, sprach vor Hunderten von Menschen und brachte ihnen Hoffnung, Freude und die Liebe Gottes. Wir haben zusammen so gelacht, dass sie vor Lachen ihren Bauch halten musste, und wir haben in dieser gemeinsamen Zeit auch zusammen geweint ...

Als wir zurückkamen, wollte sie noch zwei Tage dableiben und ich fühlte mich geehrt, dass sie bei mir übernachtete, mit mir kochte und mit mir auf den Weihnachtsmarkt fuhr.

Die Art und Weise, wie sie mit Ihrer Krankheit umging, versetzte mich immer wieder in Staunen. Es war ein Sonntag, an dem ihr Vater sie wieder abholen wollte. Wir hatten in Giengen ein Treffen vereinbart, bei dem Michael in einem Gottesdienst sprechen sollte. Nun kam es aber etwas anders ... Der Gottesdienst fand statt, nur hatte Michael an diesem Morgen fast vierzig Grad Fieber und war nicht imstande, seinen Vortrag zu halten. Völlig entkräftet rief er mich an und bat mich, dass wir drei – Maja, Johannes

(der schon eine Nahtoderfahrung gemacht hatte) und ich – an dem Morgen Zeugnis von der Liebe Gottes in unserem Leben geben.

Als ich das hörte, wurde ich ziemlich nervös ... Was, ich soll reden? Vor Publikum? Der erste Gedanke, der mir in den Kopf kam, war: Ich kann das nicht so wie der Michael; die Erwartungen sind viel zu hoch. Etwas verunsichert lief ich ins Wohnzimmer, wo Maja schlief, und weckte sie auf. Ich erklärte ihr, wie schlecht es Michael ging und dass er mir aufgetragen hatte, sie solle über sich erzählen und wir alle drei zusammen sollten diese 45 Minuten Gottesdienstzeit füllen.

Ich fragte Maja, was sie dazu meinte. Wortwörtlich fragte ich: „Machen wir das Maja?“ Daraufhin kam zu meiner Verblüffung von ihr ohne irgendwelche Emotionen: „Ja, können wir machen!“ Ich war baff und beschämt zugleich ... Ein Mädchen, das den Tod vor Augen hatte, war so unkompliziert, mutig und stark, und ich, die den Michael schon so oft hatte reden hörten, machte mir in die Hose, vor Menschen zu stehen und zu sprechen ... „Maja, du bist ein Engel“, sagte ich zu ihr und wir machten uns fertig zum Losfahren. Ich sah Maja nach diesem Erlebnis noch zweimal. Einmal besuchte ich sie zu Hause und einmal kam sie zu einer Veranstaltung in Stuttgart dazu.

Es war für mich jedes Mal ein sehr emotionales Erlebnis, ihr zu begegnen, denn in ihrer Gegenwart vergaß ich so vieles, was mich selbst bedrückte und beschäftigte. Ihre Ausstrahlung, ihre Liebe, ihr Lachen waren sehr ansteckend, und dafür bin ich Gott unendlich dankbar!

Ich hoffe auf ein Wiedersehen und werde nicht aufhören von ihr zu erzählen ...

Hilda Kaufmann

Wieder-
sehen

Weinen & Lachen

Nach einer langen Reise nahm ich Maja noch mit zu mir nach Hause. Sie versprühte so viel Liebe in unserem Heim. Sie beschenkte unendlich viele Menschen mit ihrem Lächeln. Ihre innere und äußere Schönheit berührte viele Herzen – so war es auch bei uns zu Hause an jenem Tag. Etwas später machten wir uns auf, um noch eine gemeinsame Freundin zu besuchen.

Als wir im Auto saßen, merkte ich, dass es ihr schwer ums Herz wurde. Auf einem Parkplatz nahe der Stadt hielt ich an. Es war schon dunkel draußen. Ich schaute sie an und sah, dass Tränen ihre Augen füllten. Ich war verunsichert, da ich keine Ahnung hatte, was los war. So nahm ich ihre Hand und versuchte sie zu trösten. Ihr Weinen und Schluchzen verstärkten sich und ich überschüttete sie mit Fragen wie „Hast du Schmerzen?", „Hat dir jemand weh getan?" oder „Hab ich was Falsches gesagt oder getan?"

Doch jedes Mal erhielt ich ein klares „Nein". So umarmte ich sie schweigend und hielt sie lange in den Armen. Irgendwann begann sie zu erzählen: „Micha, als ich dich eben mit deiner Familie sah, dachte ich an all die Menschen, die ich zurücklassen muss. Es geht nicht um mich; ich weiß, wohin ich gehe, und das ist auch alles total in Ordnung. Aber es gibt so viele, die ich liebe, die Gott noch nicht kennen und die deshalb allein und ohne Hoffnung sind, die nicht wissen, wohin mit ihren Sorgen und Nöten, die nach Frieden suchen, den ihnen weder die Welt, das Geld noch sonst irgendetwas geben kann. Es tut so weh, diese Menschen zurückzulassen."

Wir weinten lange zusammen im Auto auf dem dunklen Parkplatz. Es waren viele Tränen. Ich versprach ihr, das Evangelium Jesu Christi, die Gute Nachricht, mit vielen Menschen zu teilen. Darüber hinaus versprach ich ihr etwas ganz Besonderes, was ich allerdings nicht verraten darf.

Auf der Weiterfahrt lachten wir dann schon wieder gemeinsam. Wir malten uns aus, was wohl die Leute denken würden, wenn sie uns weinend Arm

in Arm im Auto gesehen hätten. Oh, das hätte die Gerüchteküche mächtig angeheizt. So lachten und weinten wir abwechselnd auf der Fahrt. Das Schönste allerdings war unser Gebet im Auto. Es war so tief, so kostbar, so kraftvoll. Dieses Gebet zieht seine Kreise, weiter und weiter. Es erreicht jetzt sogar dich beim Lesen. Es wird weiterwirken und viele Menschen mitten ins Herz treffen.

Meine Erinnerungen an Maja

Wenn ich an Maja denke, fallen mir sofort ihre offene Art und ihre strahlenden Augen ein – und natürlich das Lied, das sie im Weihnachtsgottesdienst gesungen hat. Selten hat mich ein Liedtext so bewegt wie die Zeile „Ich glaube an die Auferstehung", die Maja an diesem Abend so authentisch gesungen hat.

Als ich sie sechs Tage vor ihrem Tod schweren Herzens besuchte, machte sie es mir leicht, indem sie offen über ihre Krankheit und ihr bevorstehendes Ende sprach. Sehr beeindruckt hat mich, dass sie trotz ihrer Schmerzen großen Anteil am Leben der anderen gezeigt hat – ganz besonders an dem ihrer Freundin, die seit Monaten schwer verletzt im Krankenhaus lag und mit der sie sehr mitgelitten hat.

Maja ist ein großes Vorbild für mich, weil sie an ihrem „kindlichen" Glauben an Jesus festhielt – trotz Schmerzen und Leid. Dabei denke ich an die Worte von Jesus, der gesagt hat, dass wir wie die Kinder werden sollen, da ihnen das Himmelreich gehört. Maja hat geglaubt, dass es ihr „im Himmel" besser geht, als hier auf der Erde. Sie ist jetzt daheim!

Ulrike Ritter

Erfüllt von Gottes Liebe

Sehr oft hat sie in Vorträgen oder auch im persönlichen Gespräch diesen Satz gesagt: „Ich bin erfüllt."

Ein Mädchen, das so vieles durchgemacht hat. Ein Mädchen, das wusste, dass es vieles nicht mehr erleben würde: einen Ehemann und eine Hochzeit in Weiß, schwanger zu sein und Kinder zu haben, ein Berufsleben, selbst Auto zu fahren ...

Obwohl sie wusste, sie würde das alles nicht mehr erleben, sagte sie doch mit klaren Worten und leuchtenden Augen: „Ich bin erfüllt."

Jesus Christus sagte einmal: „Ich bin gekommen, damit sie das Leben haben und es in Fülle haben" (Joh 10,10 REÜ).

Ja, Jesus ist der Schlüssel zu allem und für alles. Er ist der, der uns gibt, was uns kein Mensch geben kann. Er gibt uns den Frieden, der über unser Verstehen hinausgeht und den die Welt nicht geben kann.

Aus meinem eigenen Leben und den Erfahrungen als Personenschützer von materiell sehr reichen Menschen, kann ich bezeugen, dass alles Materielle uns nicht den Frieden beschert, nach dem wir uns sehnen.

Diese Welt hat Hunger und Durst nach Liebe, nach Erlösung, nach Schönheit und ewiger Jugend, vor allem aber nach ewigem Leben. Vor einiger Zeit bat mich eine etwa fünfzigjährige Frau um ein Gespräch. Sie erzählte mir viel aus ihrem Leben, was man ihr alles angetan hatte, und auch von ihrer Suche nach Gott.

Dann meinte sie: „Es gibt so viele Religionen, Esoterik, Aberglauben und so weiter. Da blickt doch keiner mehr durch, was nun das Richtige ist. Eigentlich sollte Gott kommen und uns sagen, wie der Himmel wirklich ist und was wirklich zählt und was uns Erlösung bringt."

Tatsächlich hat Gott in Jesus genau das schon gemacht. An diesem Abend lud diese Frau „Jesus Christus" in ihr Herz ein. Ihre Suche war nun zu Ende. Sie hat sich von Gott finden lassen. Ihr Herz beginnt sich zu füllen. Auch sie wird eines Tages sagen können: „Ich bin erfüllt."

Was hat demgegenüber die Welt an Fülle zu bieten?

Ist es Geld? Geld stillt unsere tiefsten Sehnsüchte und unsere Leere nicht. Ich war verantwortlich für den Personenschutz mehrerer Superreicher, die doch in ihrem Herzen sehr, sehr einsam und leer waren.

Ist es Sex? Aber Sex ohne Liebe ist wie Fußball ohne Ball. Reiner Egoismus, der sich selbst und

den anderen zerstört. Auch er hinterlässt dann nur noch Leere ...

Ist es Erfolg? Ich kenne Menschen, die berühmt sind. Menschen, die alles erreicht haben, was sie wollten, und doch blieben nichts als Erinnerungen zurück. Viele kommen auch gar nicht zur Ruhe, weil sie ständig dem Erfolg nachjagen. Was ist, wenn alle Pokale gewonnen sind? Wenn der Schlusspfiff ertönt? Was ist nach der Siegerehrung, nach all den Feiern?

Oft sitzen jene dann alleine da oder sind – obwohl von den Fans umringt – letztlich doch so allein und innerlich leer.

Sind es Muskeln, Schönheit, Sexappeal?

Was ist, wenn Krankheit uns zeichnet und schwächt? Wenn der Tod vor der Tür steht? Was bleibt dann noch von all der Stärke, der Schönheit und der erotischen Ausstrahlung von einst?

Maja lebte den Menschen die Antwort vor. Durch ihre Liebe bezeugte sie der Welt, was und wer wirklich Glück beschert. Es ist mir selbst heute noch unbegreiflich, wie glücklich sie war, auch wenn ich weiß, weshalb. So viele Schmerzen So viele Monate im Krankenbett. Oft frage ich mich heute noch: Wie würde ich umgehen mit all dem, was sie ertragen musste?

Maja lehrte uns, was wirklich reich macht. Sie lehrte uns, dass es nicht das Universum ist, auch keine kosmische Macht oder irgendein höheres Wesen, sondern allein der Vater im Himmel, der Sohn und der Heilige Geist. Der Gott, der Mensch wurde. Der Gott, der uns in Jesus ganz, ganz nahekam, der sogar in unseren Herzen wohnen möchte. Der Gott, der sich uns selbst schenkte. Er selbst ist die Antwort auf alle Sehnsüchte.

Maja ist nun im Himmel! Eigentlich trug sie den Himmel schon zu Lebzeiten in sich.

Carmen, die Mutter von Majas Freundin Anna, erinnert sich:

Im Sommer 2014 lernte ich Maja als Freundin meiner Tochter Anna kennen. Sie kannten sich von „Prima Klima", einer Freizeit des Olga-Krankenhauses für ehemals krebskranke Kinder. Ich hatte schon zuvor einiges von ihrer beeindruckenden Krankengeschichte gehört; als sie dann jedoch vor mir stand, ein selbstbewusstes junges Mädchen von 14 Jahren, schloss ich sie sofort in mein Herz.

Sehr schnell entwickelte sich ein vertrautes Verhältnis zwischen uns, und als sie sich im September wieder einer OP unterziehen musste und Anna sie nicht im Krankenhaus besuchen konnte, wurde mein Vorschlag, mich als Anna zu verkleiden und sie anstelle von Anna zu besuchen, sofort freudig angenommen.

„Was kann ich dir mitbringen?", war meine Frage an sie.

Ananas und gute Laune! Wir hatten viel Kontakt über „Whatsapp" und tauschten uns aus über die Schule, Freunde und Mode. Natürlich sprachen wir auch über ihren gesundheitlichen Zustand, der zu diesem Zeitpunkt wieder einmal eine Entscheidung über die weiterführende Therapie von ihr erforderte.

Ich schlug ihr vor, dafür zu beten. Das nahm sie gerne an. Was sie sich aber noch viel mehr wünschte, war, dass in unserem Gebetskreis für die vielen tausend Menschen gebetet wird, denen es noch schlechter ging als ihr: „Wir leben hier im Paradies."

Sie mailte mir irgendwann später, sie würde uns so gerne wieder besuchen, aber leider verlangte ihr die Schule sehr viel ab und die Fehlzeiten durch OPs und schlechte Tage forderten ihre Zeit ... So gut wie möglich versuchten wir, Besuche auch ohne Übernachtungen bei uns zu ermöglichen. Es waren gute Zeiten für uns alle, in denen wir uns immer näher kennenlernten. Mittlerweile war Anna für ein halbes Jahr nach Brasilien „ausgewandert", was jedoch für Maja kein Grund war, nicht zu uns zu kommen.

Ich erinnere mich an gemütliche Abende auf der Couch, gemeinsames Kochen und Essen mit der Familie, kleine Hundespaziergänge, tiefsinnige Gespräche, Gottesdienstbesuche und das Sammeln von Ideen für Weihnachtsgeschenke für all ihre Lieben und Freunde! Sie wollte jedem etwas Passendes mit Erinnerungswert basteln oder zeichnen. Viele Gedanken und viel Zeit investierte sie unter anderem für einen, wie sie sagte, „Adventskalender der besonderen Art" für Anna, der sie dann täglich Sprachnachrichten, Verse, Sprüche oder Videos von Freunden nach Brasilien zusandte. Eine Menge Arbeit, so liebevoll vorbereitet, einfach klasse!

Mitte Dezember ging es ihr wieder einmal nicht so gut, Untersuchungen ergaben aber keine schlechten Ergebnisse der Lunge. Ihr Gespür jedoch war ein anderes ... „Weißt du, der Arzt hat gesagt, dass ich mich in der Schule ein bisschen mehr anstrengen soll, ich glaube, der denkt, ich sei faul! Ich möchte meine kostbare Zeit oft mit Anderem verbringen."

Ein typischer Gesprächsverlauf mit Maja:

„Maja, wie geht's dir?"

Maja: „Ach, das Übliche ..." (Das konnten Schmerzen, Müdigkeit, Stress in der Schule usw. sein.)

„Wir beten für dich, okay?"

Maja: „Ja, gerne, und wie geht´s dir? Ich schick dir ganz viel Kraft ... oder zumindest ein paar schöne Momente ..."

Ja, das tat sie des Öfteren ...

Am Ende eines gemeinsam mit ihr verbrachten Tages kam die Nachricht: „Danke für heute!"

Zwei Wochen später: „Wie wär's mit dem Wochenende? Danke für den wunderschönen Tag mit dir ... Vermiss die schöne Zeit schon wieder ..."

Unsere Konversation endete oft mit: „Ich hab dich lieb."

Im Februar feierten wir in einem gemütlichen Lokal in Stuttgart gemeinsam ihren Geburtstag: Elli (eine Freundin von Maja), Maja und ich. Wir tranken verwegen vorher noch ein „Schlückle" Piccolo im Auto und es war einfach gut!

Da mein Mann Pete wenig später sehr krank wurde und mehrere Krankenhausaufenthalte hatte, verlagerten wir Majas Wochenendübernachtungen teils auf Freunde, die mit ihr die Jugendgottesdienste besuchten, die für sie mittlerweile große Bedeutung bekommen hatten. Meist verbrachten wir dann noch zusammen einen halben Tag, an dem wir uns austauschen konnten.

Zitat Maja: „Halte mich bitte auf dem Laufenden, ich mache mir Sorgen um Pete."

Als Anna wieder von Brasilien zurückkam: „Heute kommt Anna, dann wird alles wieder gut ..."

Mai 2015: Bei Maja stand gleichzeitig mit Pete wieder eine OP an, da schrieb sie mir u. a.: „Lies mal Carmen! So'n Hammer, jetzt hab ich wieder Mut bekommen!"

Maja mit Inhaliergerät: „Hab die Schnauze voll vom Krankenhausscheiß, und da hab ich auch öfters den Frust an meiner Mama rausgelassen, das tut mir echt leid."

Typische Whatsapp-Nachrichten, die ich von Maja erhielt waren z. B.

„Ich hab dich lieb."

„♥ Gib nicht auf!"

„Schlaf gut, ich glaub an dich!"

„Viel Kraft für dich und Pete."

„Hab heute in der Morgensonne für dich gebetet, es war wunderschön."

„Schau mal, die ersten Walderdbeeren, sind die nicht herrlich?!"

Majas Kommentar zu einem Buch, das sie gelesen hatte: „Das hat mir soviel gegeben vor meiner OP und auch für Pete. Das Endresultat von einem Buch, das du mir vor langer Zeit gegeben hast. Ich hatte es so lange im Regal und vor ein paar Tagen hatte ich den Drang, es zu lesen."

Als ich ihr schrieb: „Wenn du keinen Ausweg mehr siehst, dann rufe mich um Hilfe! Ich will dich retten, und du sollst mich preisen" (Ps 50,15 HFA), antwortete Sie: „Der Vers ist der Hammer! In Stunden, wo ich selbst nicht mehr wusste, wie ich es aushalten kann, da war dieses Gefühl und ich hab gebetet und ich konnte wirklich Ruhe finden. Ich bete auch gleich noch für dich. Vermiss irgendwie unsere Gespräche."

Am 2. Juli fragte ich sie per „Whatsapp": „Maja, wie geht's dir?" Ihre Antwort war:

Du weißt ja, bei mir gibt es immer Probleme, aber egal, das ist jetzt nicht wichtig. Wichtig ist doch, das Leben zu genießen, denn man erlebt einen Moment nie zweimal. Das ist mir heute wieder so krass bewusst geworden.

Dann dann sagte sie: „Und dir? Wollen wir morgen telefonieren?"

Am 12. Juli schrieb sie: „Ich dank dir von Herzen für alles, was du für mich und andere tust. Leg dein Leben GANZ in seine warmen, weichen Hände, schlaf gut."

Im September erlebte Maja den Bruch eines Beines. Es standen neue Untersuchungen an. Am 9. Oktober ermutigte ich sie: „Du weißt, wir stehen hinter jeder Entscheidung von dir und beten für dich."

Bei den Untersuchungen kam heraus, dass der Krebs weiterwuchs. Maja hatte sich jedoch definitiv gegen weitere Chemos und andere therapierenden Maßnahmen entschieden.

Ich erinnere mich an einen gemeinsamen Besuch in Konstanz und Feiern u. a. in einem „echten" Club.

Anfang November gab es ein Familienessen und Reiten. Majas Reaktion: „Danke für den megatollen Tag!"

Bald darauf verreiste sie mit ihrer Mama nach Amerika und erlebte dort tolle Ausflüge, von denen sie uns allen berichtete und Fotos zusandte.

Als sie zurückkam, war auch schon eine Reise nach England geplant, aber in den Ferien, damit die Schule nicht darunter litt.

Bei einem Besuch sprachen wir über ihre Träume und Wünsche, die sie noch hatte, und da äußerte sie, sie wolle so gerne einen Song für Anna aufnehmen.

Da ich Kontakt zu einer tollen Musikschule in Fellbach hatte, fragte ich an, ob es nicht möglich wäre, Maja ohne Vertragsbindung Gesangsunterricht zu ermöglichen, was sofort zugesagt wurde.

Mittlerweile hatten auch Freunde von uns von Majas Geschichte erfahren und wollten ihr Gutes tun. So unterstützten sie Maja finanziell. Ihr war es ein großes Anliegen, sich bei jedem mit einem persönlichen Brief zu bedanken, was sie dann auch tat.

So wurde die CD aufgenommen und am Heiligen Abend gab sie in der „Scala" in Schorndorf ihr Debüt mit dem Glaubensbekenntnis.

Es war für alle ein unvergesslicher Moment, als sie selbstbewusst und wunderschön mit ihrer Krücke auf die Bühne trat und ohne jegliche Bühnenerfahrung souverän ihr Glaubensbekenntnis sang. Mein Mann Pete nahm Maja nach dem Gottesdienst fest in den Arm und gratulierte ihr zu ihrem tollen Auftritt. Sie flüsterte ihm ins Ohr: „Nicht loslassen!"

Die nächsten Wochen verflogen und wir spürten, dass Maja noch manches auf ihrer „Bucket-Liste" hatte. Unsere Treffen wurden nun seltener, da sie mit ihren Kräften haushalten musste.

Sprachnachrichten wurden ausgetauscht und man hörte, dass ihr das Atmen nun öfter schwerfiel. Sie hatte alles mit den Ärzten und dem Hospizdienst besprochen. Ein Krankenhausaufenthalt kam für sie nicht mehr in Frage.

Am 13. Februar gingen wir zusammen mit Maja mit ihrem Hund Gassi. Maja war selbstbewusst und streng in der Erziehung mit ihrem Hund, wie sich das gehört. Es war für sie ein Kraftakt, was ich erst danach im Auto erkannte.

Kurzfristig anberaumt und wunderschön war ihre Taufe am 5. März im kleinen Rahmen. Danach schlief sie bei uns. Zitat: „Ich glaube, dass es das letzte Mal war, dass ich bei euch übernachtet habe."

Am Donnerstag, 17. März um 17.20 Uhr bekam ich eine Nachricht über Whatsapp von Maja: „Ich hab dich lieb ♥"

Meine Antwort hat sie nicht mehr gelesen. In dieser Nacht ist sie heimgegangen zu ihrem himmlischen Vater, an den sie glaubte, den sie liebte und dem sie vertraute.

An ihrer Beerdigung durfte ich mit Tessi, einer Freundin aus ihrer Jugendgruppe, einen Song vortragen. Wir entschieden uns für ein Lied, das auf der Wunschliste für ihre Taufe stand und dort auch für sie gespielt wurde.

Im Einfachen sehn[3]

Du hast Schönheit zum Leben erweckt,
lass mich Dich im Einfachen sehn.
Deine Liebe hast Du in uns gesetzt,
lass mich Dich im Einfachen sehn.
Im Kleinen Dich zu sehen, lässt mich niederknien.
Es überwältigt mich zu spüren, wer Du bist.
Im Kleinen Dich zu sehen, lässt mich niederknien.
Voll Ehrfurcht seh ich Dich, erfassen kann ich's nicht.

Ganz umgeben von Wundern bin ich,
lass mich Dich im Einfachen sehn.
Im Erstaunen, da finde ich Dich,
lass mich Dich im Einfachen sehn.

Jesus ist da!

Von Tag zu Tag wurde Majas Körper schwächer. Ihr Lachen und ihre Dankbarkeit aber blieben. Ihr Vertrauen in Gott war unerschütterlich. Das Atmen fiel ihr schwerer und schwerer. Zweimal besuchte ich sie zu Hause, einmal zusammen mit meinem Freund Jonathan und meiner Kollegin Hilda. Ich saß auf ihrem Bett. Sie zeigte mir einige ihrer Narben und dann nahm ich sie fest in den Arm. Wieder und wieder presste sie ihren Kopf an meinen Oberkörper. „Bitte halt mich einfach nur fest", bat sie oder: „Bitte nicht loslassen."

Ich streichelte ihre Narben am Bein. Ich konnte nicht mal erahnen, was dieses Mädchen an Schmerzen erdulden musste. Ich habe so vieles in meinem Leben nicht verstanden und auch heute noch verstehe ich nicht alles. Aber ich möchte vertrauen wie Maja. Möge Gott mir dabei helfen.

So hielten wir uns einfach immer wieder in den Armen. Oft beteten wir gemeinsam und spürten, wie Jesus uns beide hielt. Ich hatte so viele Fragen, aber kaum Antworten. Maja jedoch schenkte den Menschen, denen sie begegnete, so unendlich viel Hoffnung.

Falls dir das nahegeht oder falls auch du traurig bist, garantiere ich dir, Maja würde dich jetzt in die Arme nehmen. Nein, nicht nur flüchtig, sondern lange, wertschätzend und warmherzig.

Durch sie würde Gott dich halten. Ich wünsche dir, dass du Menschen hast, die dich im Namen Gottes in den Armen halten, wie sie gehalten hat. Ich wünsche dir, dass du andere in seinem Namen hältst. Ich wünsche dir, dass du den liebst, der dich zuerst geliebt hat. Ich wünsche dir, dass du dich zu dem hältst, der immer zu dir hält.

Als es Maja immer schlechter ging, telefonierten wir einmal sehr lange. Zum Abschluss betete ich für sie und sagte dann: „Ich wünsche dir, dass du erlebst und spürst, dass Jesus leibhaftig in deinem Zimmer ist."

Da antwortete sie mit schwacher und leiser Stimme:

Michael, er ist schon da. Jesus ist in meinem Zimmer.

Ja, ich glaubte ihr. JESUS war da! Er ist überall dort, wo man ihn einlädt. Er respektiert es aber auch, wenn man ihn ablehnt. Seine Liebe ist bedingungslos. Er hing am Kreuz, wo ihm Verachtung, Hohn und Spott entgegengeschleudert wurde, und was machte er? Er liebte sie alle und betete für sie. Wahre Liebe erwartet gar nichts.

In Majas Herz, in ihrem Leben und in ihrem Zimmer war er willkommen. ER war der Mittelpunkt ihres Lebens. Er war ihr Lebensanker. Er war ihre ganze Hoffnung. Er war ihr Leben auch im Sterben.

Drei Wochen vor ihrem Tod sandte sie uns eine Sprachnachricht, die wir heute noch gespeichert haben. Auf die Frage, ob wir ihr was abnehmen könnten, antwortete sie an einem Abend Folgendes:

„Gott fordert mich, aber er überfordert mich nicht. Deshalb ist es okay, wie es ist, deshalb kann ich tragen, was zu tragen ist. Hab euch lieb, gute Nacht."

Als ich zum ersten Mal von Maja hörte, berührte es etwas in meinem Herzen. Von Anfang an war sie mir nahe, sie war mir irgendwie vertraut, ohne dass wir uns persönlich kannten. In meiner täglichen Gebetsliste stand sie weit oben.

Ich habe schon viele Wunder mit Gott erleben dürfen, große und kleine. Ihm traute ich die Heilung von Maja zu. Wer, wenn nicht er, sollte sie heilen?

Eine ganze Weile betete ich so für Maja. Außer Elke, meiner Frau, wusste keiner davon. Eines Tages bekam ich ein Bibelwort für Maja: „Ich werde nicht sterben, sondern die Werke des Herrn verkünden" (Psalm 118,17).

Irgendwann drängte es mich, Maja zu schreiben, ihr das zu sagen und sie damit zu ermutigen. Lange hörte ich nichts von ihr.

Dann antwortete sie mir, es sei okay, wenn ich für sie bete, aber ich müsse gar nicht für ihre Heilung beten. Das sei ihr nicht das Wichtigste.

Sie wollte in Gottes Willen leben, was auch immer das für sie bedeuten würde. Meine Gebete haben sich danach verändert, aber noch immer hoffte ich auf das Wunder. Selten hat mich jemand so beeindruckt wie Maja mit ihrer Ausstrahlung und Fröhlichkeit. Ich bin dankbar, dass wir uns noch treffen konnten.

Dann kam die Nachricht, dass es Maja gar nicht gut gehe und sie wohl bald sterben werde. Ich war verunsichert: Herr, was ist mit deinem Wort, das ich empfangen habe? War das Einbildung, Wunschdenken oder was?

Maja ist nun nicht mehr unter uns, sie lebt jetzt bei dem Gott, dem sie bis zum Schluss vertraute. Sie ist da, wo es kein Leid, keine Tränen und keinen Schmerz mehr gibt. Sie ist da, wo wir als Christen alle hinwollen. Sie ist zu Hause angekommen.

Und sie verkündet die Werke des Herrn durch ihre Geschichte! Ich bin überzeugt, dass nicht nur ich, sondern viele von ihr und ihrem Leben berührt wurden und werden.

Gerd B.

Noch eine kleine Anmerkung zu den Gebeten für Maja. Einige sandten ihr Briefe, in denen stand, sie würden für ihre Heilung beten. Eines Tages sprach sie mit mir darüber. Ich kann ihre Stimmung dabei gar nicht so recht beschreiben, auch den Klang ihrer Stimme nicht. Ihr Wesen hatte etwas Verwundertes, etwas Unverständliches, als sie mir energisch sagte: „Sie alle brauchen nicht für mich zu beten. Ich bin gesund. Ich habe Jesus. Sie sollen lieber für andere beten, die es nötiger haben."

Ich habe Jesus, ich bin doch gesund.

Diana erinnert sich dankbar an Majas Anteilnahme und Liebe:

Am 6. Juni 2015 durfte ich Maja das erste Mal so richtig kennenlernen. Wir waren zusammen mit anderen Krebspatienten auf einer Freizeit. Es war ein Samstag, der Tag des Abschlussabends.

Mittags saßen Maja und ich mit noch ein paar anderen im Zimmer und unterhielten uns. Dabei erwähnte ich, dass ich in der Schule öfters fertiggemacht werde, dass dies aber offensichtlich niemand besonders interessiert.

Als dann der Abschlussabend kam, standen alle im Kreis und wir sangen zusammen „We Are The World". Maja und ich standen nebeneinander, als sie mir plötzlich zuflüsterte: „Wir müssen nachher mal reden." Danach umarmte sie mich, während alle noch gesungen haben und im Kreis standen. In dem Moment, als Maja mich umarmte, schien die Zeit stehen zu bleiben. Ich vergaß alles um mich herum und genoss einfach diesen Moment mit ihr. Als der Abend dann vorbei war, gingen wir beide nach draußen, um zu reden. Maja fragte mich, was ich am Nachmittag gemeint hätte, als ich meine Schwierigkeiten in der Schule erwähnt hatte. Sie hat da wirklich zugehört und sich für meine Probleme interessiert.

Also erzählte ich ihr meine Geschichte. Ich kannte sie da noch nicht gut, hatte aber trotzdem großes Vertrauen zu ihr. Sie hörte mir zu und zum ersten Mal konnte ich alles jemandem anvertrauen. Maja hat mir beigebracht, mit den Menschen, die einen schlecht behandeln, trotzdem nett umzugehen. Denn Leuten, die andere fertigmachen, geht es meist selber auch nicht wirklich gut. Sie hat mir gezeigt, dass man auch mit guten Taten und guten Worten „vergelten" kann. Maja erzählte mir auch einiges von sich selbst, und wir hatten ein schönes und langes Gespräch, das immer tiefsinniger wurde.

Irgendwann fing ich dann an zu weinen. Da nahm sie mich in den Arm und begann mit mir gemeinsam zu beten. So saßen wir also nachts unterm Sternenhimmel und beteten. Dieser Moment war so unbeschreiblich schön, dass man ihn nicht in Worte fassen kann. Dank ihrer Hilfe konnte ich mit meiner Situation besser umgehen und habe wirklich angefangen, die Menschen die mir wehgetan haben, anders zu behandeln. Maja hat mir einfach gezeigt, wie stark die Liebe ist und was sie ändern kann. Die Liebe Gottes. Ich bin ihr einfach für alles dankbar! Das war ein unvergesslicher Abend.

Nach Majas Tod habe ich angefangen, nachts von ihr zu träumen. Natürlich weiß ich, dass Maja jetzt beim Vater im Himmel ist und dass sie nicht mehr leiden muss, aber sie fehlt mir trotzdem. Ich kann sie jetzt nicht mehr sehen oder ihr schnell mal auf Whatsapp eine Nachricht schreiben. Das alles geht nicht mehr.

Ich rede aber trotzdem jeden Abend mit ihr ... Eines Tages träumte ich dann wieder von ihr: Wir beide waren in einem Raum. Sie war komplett gesund und ich fragte sie: „Maja, gibt es wirklich ein Leben nach dem Tod?" Sie antwortete: „Ja, das gibt es!" Auch fragte ich sie, ob sie es mitbekomme, wenn ich mit ihr rede, und sie meinte: „Ja, ich höre dir immer zu und du kannst immer mit mir reden."

Seit diesem Traum komme ich mit der Gesamtsituation in der Schule besser klar. Für mich war dieser Traum Realität. Es gibt ein Leben nach dem Tod und also auch ein Wiedersehen mit Maja in der Ewigkeit.

Maja hat uns so viel von der Liebe Gottes beigebracht und uns gezeigt, dass das einzig Wichtige ist, sich voll und ganz auf unseren Vater im Himmel einzulassen und sich von seiner Hand führen zu lassen!

Diane Gerberg

Ich weiß noch, als Maja das erste Mal in Konstanz war. Sie war eine Erscheinung voller Schönheit und Stärke. Maja kam ein paarmal nach Konstanz und es war jedes Mal eine Bereicherung. Es war an einem Tag im Oktober. Unsere Gemeinde veranstaltete den „Walk for Freedom". Ich wusste bereits, wie es Maja ging. Ich wusste, dass sie da war, um sich zu verabschieden. Wir haben den ganzen Tag miteinander verbracht. Was für ein toller Tag!

Wir waren gemeinsam Frühstücken und haben über Mädchen-Kram geredet. Sie redete ganz offen über ihre Krankheit und erzählte so viel über ihre Erfahrungen. Nach dem Frühstück beteiligten wir uns am „Walk for Freedom". Danach sind wir zu mir nach Hause gegangen. Wir haben gegessen, geredet und ferngesehen. Maja wollte unbedingt den Film „Das Schicksal ist ein mieser Verräter" anschauen. Ich konnte es kaum fassen. Warum will ein Mädchen, das selbst an Krebs erkrankt ist, diesen Film sehen? Wir schauten den Film an und mir fiel es echt schwer, nicht zu weinen.

Eine Szene des Films handelt von Unendlichkeit. Maja meinte: „Ich bin so dankbar zu wissen, dass Gott mich befreit und mich in die Ewigkeit mitnimmt. Das Einzige, was mich traurig macht, ist die Vorstellung, dass ihr um mich trauern werdet." Ich glaube, ihr war oft gar nicht klar, wie viele Menschen sie geprägt hat. Auch für mich war Maja ein Vorbild darin, wie sie mit ihrer Krankheit umging. Als Maja von uns gegangen war, wusste ich, dass sie befreit ist. Ich kann mir nicht erklären, warum Gott diesen Plan für ihr Leben hatte. Aber ich glaube, dass es ihr da, wo sie jetzt ist, gut geht. Wenn es mir einmal nicht so gut geht, erinnere ich mich gern an diesen Tag mit ihr zurück. Er hat mir gezeigt, dass alles Leid kleiner ist als Jesus. Ich vermisse Maja. Ihr Lachen, ihre Erscheinung, ihre Stärke. Sie war so ein wunderbarer Mensch. Sie wird immer in meinen Herzen bleiben.

Sabrina Brusch

Die Taufe

Von Pastor Frank Schünemann

Maja hat bei meinem ersten Besuch bei ihr zu Hause den Wunsch geäußert, getauft zu werden. In unserer Freikirche machen wir das durch Untertauchen in einem Taufbecken in unserem Gemeindehaus, es braucht also ein wenig Vorbereitung. Unsere Jugendband hat zufällig an dem dafür geplanten Samstag geprobt und sich spontan bereit erklärt, für Maja ein paar Lieder zu spielen.

Maja hatte eine kleine Liste mit Wunschliedern und so wurde aus der einfachen Taufe ein richtiger kleiner Gottesdienst. Sie kam mit Krücken und schon deutlich geschwächt, hatte aber diese Kraft in sich, diesen Willen, der ganz oft aus ihr heraus leuchtete.

Sie hat diese Taufe für sich und für ihre Freunde und Familie ganz bewusst als Zeichen ihres Vertrauens zu Gott gewählt. Für mich war das ein sehr prägendes Erlebnis. Einen Menschen, der todkrank und sich dessen auch bewusst ist, in den Tod und die Auferstehung Jesus hinein zu taufen (wie es unsere Taufformel sagt), verleiht diesen alten Worten eine ganz neue Dimension. Für viele Menschen ist ihre Taufe ein Ereignis von vielen, das, je länger sie leben, an Bedeutung verliert.

An diesem Samstagnachmittag hat Maja uns alle an die Kraft und die Hoffnung der Auferstehung erinnert. Viele wohlbekannte Bibelworte haben für mich an diesem Nachmittag eine noch stärkere Bedeutung gewonnen. Ich möchte von Maja lernen, in schwierigen Situationen mein Vertrauen in Gott noch wachsen zu lassen und gerade im Angesicht des Todes die Hoffnung auf Auferstehung und ewiges Leben zu haben.

Nachdem ich Maja das erste Mal zu Hause besucht hatte, bin ich nicht direkt wieder zurück nach Schorndorf gefahren. Ich war zu bewegt und aufgewühlt von der Begegnung. Ihrem Körper konnte man die Krankheit und den nahenden Tod schon ansehen. Sie selbst war aber trotz der Schmerzen voller Leben. Sie hat nach anderen gefragt und wir haben zusammen gebetet.

Nachdem ich längere Zeit durch die Stuttgarter Markthalle geschlendert war, kam ich zufällig an einem Gitarrenladen vorbei und sah im Schaufenster eine Gitarre stehen, die es mir sofort angetan hat. Reinzugehen, den Verkäufer zu bitten, sie spielen zu dürfen, und sie dann in den Händen zu halten, dauerte nur wenige Minuten. Im Laden habe ich diese Gitarre dann über eine halbe Stunde gespielt. Die Melodien und Akkorde haben mich irgendwie ruhig gemacht. Und ich habe ein Versprechen abgegeben: Ich möchte Maja weiter

begleiten, und wenn sie dann irgendwann auf ihrer Reise im Himmel angekommen ist, werde ich diese Gitarre kaufen und ihr einen Namen geben.

Mehrere Wochen vergingen. Ich bekam den Anruf an einem Freitagmorgen. Für den Nachmittag war bereits ein weiterer Besuch bei Maja vorgesehen. „Komm doch einfach wie geplant vorbei", sagte ihre Mutter. So saßen wir dann zusammen, besprachen die Beerdigung und, weil Maja in ihrem Zimmer aufgebahrt war, konnte ich auch persönlich von ihr Abschied nehmen. Ich habe in diesem Zimmer etwas von Gottes Ewigkeit gespürt und bin mir seitdem ganz sicher, dass Maja im Himmel angekommen ist. Für sie haben alle Schmerzen aufgehört und alles Leid ist vorbei.

Auf dem Rückweg ging ich nochmals zu jenem Gitarrenladen und besitze seitdem eine ganz besondere Gitarre. Ich habe ihr den Namen „Maja" gegeben und spiele fast täglich auf ihr.

Endlich daheim

Wenige Tage bevor Maja starb, schrieben wir uns noch einige Male. Fast jeden „Talk“ beendeten wir mit „Ich hab dich lieb“. Dann hörte ich tagelang nichts mehr. Ich traute mich kaum, ihre Eltern anzurufen oder jene zu fragen, die um sie herum waren, wie es um Maja steht. Obwohl ich wusste, dass sie jeden Augenblick sterben könnte, wollte ich es einfach nicht wahrhaben. Nie mehr ihr Lachen zu erleben, nie mehr in ihre strahlenden Augen zu sehen, sie nie mehr in meinen Armen zu halten – unvorstellbar!

Am 17. März 2016 bekam ich die Nachricht, dass es wohl zu Ende gehen würde, sie aber noch nicht richtig loslassen könne. So beteten wir, dass sie den Himmel offen sehen möge, um in die Ewigkeit zu gehen, nach Hause. Um, wie sie es sagte, in die Arme des himmlischen Papas zu gehen.

Am nächsten Morgen erreichte mich dann die Nachricht, dass sie von ihrem Leiden erlöst und nun daheim im Himmel ist.

„RIP“ war in den sozialen Netzwerken als Nachruf von ihren Freunden und Bekannten zu lesen. „Rest in Peace“ (Ruhe in Frieden).

Bei diesem Stichwort gehen mir viele Gedanken durch den Kopf: Brauchen wir den Tod, um Frieden und Ruhe zu finden? Sollten wir das nicht zu Lebzeiten im Miteinander finden – in unseren Familien, bei Freunden, in der Gemeinschaft mit Gott im Hier und Jetzt?!

Es gibt immer mehr Lärm und Unfrieden in dieser Welt, im Großen wie im Kleinen. Ich wünsche dir und mir, mehr Ruhe und Frieden im Leben zu finden und selbst zu geben.

Ein gutes Wort ... eine Umarmung ... ein Gebet ...

Jesus hat gesagt, dass er uns den Frieden geben möchte, den diese Welt uns nicht geben kann. Dieses Buch möchte dazu beitragen, dass Menschen in ihrem Leben ein Stück Ruhe und Frieden finden.

RIP – da stellt sich die Frage: Geht es nach dem Tod weiter? Wenn ja, kann es auch dort Unfrieden geben? Oder allein ewigen Frieden?

Maja hat sich während ihres Lebens entschieden, mit dem zu leben, der ihr die Ewigkeit schenkt. Ihm vertraute sie bedingungslos im Leben, inmitten von Krankheit und Schmerz.

So lege auch ich mein kleines Leben in seine große Hand.

Gemeinschaft

Innehalten ... still werden ... Viele verbinden das mit fernöstlichen Meditationspraktiken. Diese brauche ich nicht. Wenn Gott IN mir wohnt, ist mein HALT bei ihm – in diesem und im nächsten Leben.

Innehalten also, weil der, der IN mir lebt, mir HALT schenkt ... So habe ich heute schon, mitten im Leben, ein Stück Ruhe und Frieden im Chaos dieser Welt.

Wenn meine Zeit gekommen ist, dann werde auch ich nach Hause gehen

- **zu dem, der mich zuerst geliebt hat, bevor ich ihn liebte,**
- **zu dem, der mich auch dann hält, wenn keiner mehr zu mir hält ...**

„Heimat ist kein Ort auf einer Landkarte; es ist der Ort, wo man geliebt wird."

Gott ist Liebe. Dort wo Gott ist, bin ich zu Hause. Heute ist ein guter Tag, um damit anzufangen, Ruhe und Frieden zu schenken. Es ist Liebe, die dies möglich macht.

Deshalb war es Maja so wichtig, Worte der Liebe auszusprechen und alle Dinge in der Liebe geschehen zu lassen.

Maja liebte Gott, die Menschen und sich selbst.

Du sollst den Herrn, deinen Gott, lieben aus deinem ganzen Herzen und mit deiner ganzen Seele und mit deiner ganzen Kraft und mit deinem ganzen Verstand und deinen Nächsten wie dich selbst ... tu dies, und du wirst leben (Lk 10,27-28).

Echtes Leben haben wir also erst dann, wenn wir Gott lieben, unseren Nächsten und uns selbst ... Maja war ein lebendiges Beispiel hierfür.

Getragen...

Kürzlich schlief meine kleine Tochter auf dem Sofa ein. Behutsam trug ich sie hinüber in ihr Bettchen ...

Am nächsten Tag wunderte sie sich dann, wie es sein konnte, dass sie auf dem Sofa eingeschlafen und im Bettchen aufgewacht war.

„Ich habe dich getragen", antwortete ich ihr.

Ich glaube, auch bei Maja war es so. Nachdem sie am 18. März 2016 hier auf Erden eingeschlafen ist, wachte sie an einem besseren Ort auf. Ich glaube, so wird es bei uns allen sein, wenn wir hier für immer einschlafen. Wir werden an einem besseren Ort, im Himmel, aufwachen, weil Papa uns hinübertragen wird.

Darauf vertraue ich, und ich bin mir dessen sicher, dass es bei Maja so war und dass es auch bei mir so sein wird.

„Ich will dich nicht verlassen und nicht von dir weichen" (Josua 1,5).

12 Gefunden!

Bei meinem letzten Besuch in Majas Zimmer saßen wir alle zusammen auf dem Boden. Maja, ihre Mama, meine Kollegin Hilda und ich (Michael). Maja hatte eine kurze Hose an, und so sah ich zum ersten Mal die riesigen Narben an ihren Beinen. Wir lachten zusammen und unterhielten uns wirklich über Gott und die Welt. Dabei fragte ich sie, ob ich ihre Narben berühren und streicheln dürfe.

„Ja, ja", antwortete sie eher beiläufig. Als ich meine Hand auf ihre Narben legte, tat es mir so weh. Welchen Schmerzen dieses Kind wohl ausgesetzt war! Was empfanden wohl ihre Eltern wieder und wieder bei diesem Anblick und wenn sie ihre mütterlichen und väterlichen Hände darauf legten? Allein diese Vorstellung macht mich heute immer noch sehr traurig. Maja spielte nebenbei mit ihrem Hund. Sie schämte sich nicht ihrer Beine, ihrer Narben. Ganz ungeniert saß sie dort auf dem Boden. Ja, sie hatte sich selbst lieb und wusste sich von Gott geliebt.

Vor einiger Zeit hörte ich eine (fast schon lustige) Geschichte, die allerdings schon etwa 60 Jahre alt ist. Da war ein Mann, der ein krankes Bein hatte. Die Krankheit war äußerlich nicht sichtbar, doch die kleinste Berührung verursachte ihm große Schmerzen. Als er deshalb im Krankenhaus lag, verordnete ihm der behandelnde Arzt Massagen.

Schreckliche Angst kam in dem Patienten auf. Am liebsten hätte er die ganze Zeit den Schmerz betäubt. Allein schon der Gedanke, dass jemand das Bein anfasste, verursachte ihm Schmerzen. Deshalb streckte der Mann dem Therapeuten jeden Tag das gesunde Bein zum Massieren hin.

Wie die Geschichte des Mannes mit dem kranken Bein ausging, ist mir leider nicht bekannt. Vielleicht konnte er nicht mehr richtig gehen. Vielleicht musste man das Bein auch amputieren. Vielleicht starb er sogar daran. Ich weiß es nicht.

Irgendwie erinnert mich diese Geschichte jedoch an diese Welt. Wie oft geben wir etwas vor, was nicht so ist! Wie oft täuschen wir der Welt etwas aus Angst vor Schmerzen vor! Wie oft betäuben wir den Schmerz mit Arbeit, Drogen, Sex usw.! Wie oft geben wir den Schmerz durch Gewalt, Bitterkeit oder Streitigkeiten an andere weiter!

Wie gut täte es uns, das richtige Bein behandeln zu lassen! Drogen, Gewalt, Bitterkeit – all das würde abnehmen und irgendwann wären wir völlig frei davon.

Doch wem können wir das „kranke Bein" unseres Lebens wirklich hinhalten? Braucht es da nicht einen, den wir nah genug heranlassen können?

Ich höre ja oft, dass Menschen sagen, dass sie an ein höheres Wesen glauben. Aber mal ehrlich, wer so weit weg ist, kann doch nicht da sein, oder? Und wie sieht es mit Horoskopen, Glücksbringern und all diesen Dingen aus? Können sie wirklich helfen und heilen?

Wem also können wir unser krankes Bein hinstrecken? Wem können wir wirklich vertrauen?

Maja vertraute auf Gott, der ihr ganz nahe war und der sagt, dass er „nicht ferne (ist) von einem jeden unter uns" (Apg 17,27).

Maja vertraute auf den, der den Himmel verlassen hat, um zu ihr zu kommen. Maja vertraute dem, der alle Krankheit, allen Schmerz und alle Schuld der Welt auf sich genommen hat.

Gott sagt: „Ich bin der HERR, dein Arzt“ (2 Mose 15,26).

Gerade kommt mir ein kleines Gebet in den Sinn, vielleicht hilft es dir:

Lieber Jesus,

ich komme nun zu dir mit allem, was mir schwer ist,
was weh tut und wo ich schuldig geworden bin,
wo Menschen mich verletzten und wo ich verletzt habe.
Ich möchte nicht weiter weglaufen
oder mich betäuben
oder mir und der Welt eine Komödie vorspielen.

Du kennst mich, du erforscht den Grund meiner Seele.
Bitte mach mich frei von allem, was mir schwer ist.
Komm in mein Herz und heile, was krank ist.
Nicht länger will ich verheimlichen, was mich plagt,
denn nichts bleibt dir verborgen.

Deine Liebe macht mich gesund.
Danke, dass du nicht nur mein Arzt sein möchtest,
sondern auch mein Freund.

Danke für deine Liebe.
Deine Liebe ist alles, was ich brauche.
Deine Liebe macht mich gesund. Amen.

So viele (mich eingeschlossen) strecken immer noch ihr gesundes Bein hin – aus Angst vor Schmerz und Scham über das, was nicht in Ordnung ist.

Bei Gott dürfen wir aber sein, wie wir sind. Maja lebte es mir persönlich und authentisch vor.

Ich habe Maja auf einer Freizeit für krebskranke Kinder kennengelernt. Es war mein erstes Jahr als Betreuer, und gleich zu Beginn der Freizeit sagte mir eine Freundin, dass Maja ein ganz besonderes Mädchen sei. Im Laufe der Freizeit lernte ich Maja besser kennen und das, was sich mir damals am meisten einprägte, war ihr unglaublich ansteckendes und ausdrucksstarkes Lächeln.

Bei der Freizeit im Jahr darauf ist mir eine Begebenheit mit ihr besonders im Gedächtnis geblieben. Ich ging abends nach draußen, um frische Luft zu schnappen. Dabei sah ich Maja mit einem anderen Mädchen auf einer Bank vor dem Haus sitzen. Als ich die beiden gerade fragen wollte, was sie denn da draußen machen, drehte sich Maja zu mir um und fragte mich mit einem strahlenden Lächeln, ob ich Lust hätte, mit ihnen zu beten. In dem Moment musste ich vor Freude breit grinsen. So saßen wir also zu dritt Arm in Arm auf der Bank und beteten gemeinsam. Einen Tag später kam dann Michael zu unserer Freizeit und lernte Maja kennen. In dieser Woche habe ich von Maja gelernt, wie wichtig es ist, Gott für die kleinen Dinge im Leben zu danken.

Das prägendste Erlebnis, das ich im Zusammenhang mit Maja hatte, war jedoch ihre Beerdigung. Sie hatte einen Brief geschrieben, welcher bei der Trauerfeier vorgelesen wurde. Der Inhalt des Briefs hat mich tief berührt und meine Trauer wich einem Lächeln. Als wir dann zum Grab gingen, musste ich Gott für dieses wunderbare Mädchen danken. Ich habe dem Rauschen der Bäume gelauscht und mich für all die Kleinigkeiten bedankt, die wir in unserem hektischen Alltag sonst gar nicht mehr wahrnehmen.

Ich war schon auf einigen Beerdigungen, aber bei keiner bin ich bisher mit besserer Laune und voller Dankbarkeit nach Hause gegangen. Einer meiner Lieblingssongs, den ich nach der Beerdigung häufig gehört habe, ist „10.000 Reasons" („10.000 Gründe"). Da heißt es zum Schluss: „And on that day when my strength is failing, the end draws near and my time has come. Still my soul will sing Your praise unending, ten thousand years and then forevermore." („Und an dem Tag, an dem meine Kräfte schwinden, wenn das Ende naht und meine Zeit gekommen ist, wird meine Seele dich ewig weiter preisen, zehntausend Jahre und dann für immer.")[2]

Ich denke Maja hat diese Sätze in ihren letzten Monaten mit voller Überzeugung gelebt und verkörpert, wofür ich sie wirklich bewundere.

Auch wenn ich Maja mit Sicherheit nicht so gut gekannt habe wie viele andere, die in diesem Buch zu Wort kommen, hat sie dennoch meine Sicht auf die wesentlichen Dinge im Leben verändert. Wenn ich dir also eine Sache mit auf den Weg geben darf, dann ist es, dass du dir einfach mal die Zeit nimmst und Gott für all die Kleinigkeiten dankst, die dir den Tag versüßen. Ob es nun das Rauschen der Blätter im Wind, das Summen der fleißigen Bienen oder der Duft eines warmen Sommerregens ist, der dir in die Nase steigt. Es gibt zehntausend Gründe, für die wir Gott tagtäglich danken können, und Maja ist einer davon.

Christian Kaupp

Das gefundene Kind ...

Während der Entstehung dieses Buches gab es in Deutschland eine dramatische Suche nach einem fünfjährigen Jungen. In einem unbeaufsichtigten Moment war er den Eltern entwischt ...

Es muss für die Eltern schrecklich gewesen sein. Kein Mensch kann das nachempfinden, wenn er es nicht selbst erlebt hat. Einmal hatte auch ich bei einem Spaziergang meine kleine Tochter vermisst. Es war schrecklich! Aber es waren „nur" ein paar Minuten, die ich allerdings nie vergessen werde. Ein unbeschreiblicher Schmerz und eine kaum zu erklärende Sehnsucht herrschten damals in mir.

Die Eltern des kleinen Jungen riefen sofort die Polizei, die dann sofort eine riesige Suchaktion einleite-

ten. Nach einem Tag wurde der Junge wohlauf im Wald gefunden. Er war unterkühlt, hatte Angst, Hunger und Durst ... Aber er lebte, und das war das Wichtigste.

Ich glaube, vielen von uns geht es so wie diesem Jungen. Wir sind von zu Hause weggelaufen. Irgendwo haben wir uns in der Dunkelheit verirrt. Wir verspüren Hunger und Kälte und fühlen uns oft einsam.

Oh ja, in dieser Welt herrscht großer Hunger und Durst nach Liebe und Anerkennung, nach Ohren, die zuhören, nach Augen, die das Kostbare und Gute sehen und nicht nur Fehler und Versäumnisse, nach Armen, die Geborgenheit geben, und nach Händen, die halten und teilen.

Angst beherrscht mehr und mehr unseren Alltag. Kriege, Katastrophen, Hunger, Streit, Lieblosigkeit, Enttäuschungen, Verletzungen und jede Menge Misstrauen.

Diese Themen beherrschen die Nachrichten und beschäftigen Seelsorger, Therapeuten, Versicherungen und die Polizei.

Da hilft es nicht, die Sterne um Rat zu fragen oder ein paar Atemübungen kombiniert mit körperlichen Übungen zu machen. Wenn das die Rettung wäre, dann hätten alle Menschen, die gelähmt sind oder eine Behinderung haben, das Nachsehen. Die Welt bietet so viel an, aber nichts, was die wahre Sehnsucht stillt.

Ich glaube von ganzem Herzen, dass Gott vor 2000 Jahren die größte Suchaktion gestartet hat, die es je auf dieser Welt gegeben hat ... Unser himmlischer Papa machte sich auf zu suchen, was verloren war! In Jesus kam Gott zu unserer Rettung auf die Erde. Der Name „Jesus“ bedeutet übersetzt „Rettung“ oder „Heil“!

Sehnsucht

Als der kleine Junge gefunden war, war seine Sehnsucht gestillt, er war wieder zu Hause. Dort war er sicher, dort wurden auch Hunger und Durst gestillt.

Ich habe schon viele liebe Menschen in meinem Leben verloren und viele sagten mir am Ende: „Ich gehe jetzt nach Hause.“

Das ist unser aller Sehnsucht! Wie froh bin ich, dass Gott mich gefunden hat! Oft merke ich, wie ich noch bei manchen Dingen weglaufen möchte, doch seine Liebe hält mich.

Oft versuche ich es erst einmal alleine und merke dann, dass es „in die Hosen“ geht. Wenn ich ihm aber vertraue, wird es gut. Ich muss in punkto Vertrauen noch eine Menge lernen.

Davon durfte ich viel von Maja lernen. Sie vertraute dem himmlischen Papa von ganzem Herzen. Obwohl sie soviel durchmachen musste, war sie geborgen in seiner Liebe.

Sie liebte den himmlischen Papa, der geben kann, was die Welt nicht geben kann ... Bei ihm dürfen wir sein, wie wir sind. Deshalb war Maja stets sie selbst.

Sie konnte sich selbst lieben mit all ihren Narben. Und sie hat sich finden lassen von Gott. So war sie schon zu Lebzeiten in Gottes Händen.

Hast du dich schon finden lassen? „Leg dein Leben in seine weichen Hände“, hatte Maja einmal gesagt. Und sie hätte es auch zu dir gesagt.

HIMMLISCH

Gott sucht nach dir. Er ruft immer und immer wieder deinen Namen. Ich werde nie vergessen, wie es war, als wir damals meine Tochter fanden. Lachen und weinen, alles auf einmal. Es war himmlisch …

So sehnt sich Gott nach dir und mir. Die größte Suchaktion aller Zeiten gilt DIR und mir.

Viele sind noch im Wald. Hunger und Durst sind groß. Angst und Dunkelheit herrschen dort draußen in der Welt. Und es ist kalt, sehr kalt ge worden.

Es ist Zeit, Gott zu vertrauen, dem besten aller Papas –
so, wie Maja es getan hat.
Es ist Zeit, ihn einzuladen in unser Herz –
so, wie Maja es getan hat.
Es ist Zeit, alle Sehnsüchte dem abzugeben,
der sie in unser Herz gelegt hat –
so, wie Maja es getan hat.
Es ist Zeit, innezuhalten und sich
von Gott gehalten zu wissen –
so, wie Maja es getan hat.
Es ist Zeit, sich finden zu lassen –
so, wie Maja es getan hat.
Es ist Zeit, Mensch zu werden,
wie Gott es sich für jeden von uns gedacht hat –
so, wie Maja es war.
Es ist Zeit, seinen wahren Sehnsüchten nachzugehen –
so, wie Maja es getan hat.

So hat Gott es sich auch für dich und mich gedacht.

Maja wusste sich geliebt.
Maja ließ sich von der Liebe in Person finden.
Maja bat den Gott der Liebe, in ihrem Herzen zu wohnen.
Majas Herz war erfüllt von dieser Liebe.
Maja lebte diese Liebe.
Maja ist nun im Himmel, vollkommen von Liebe umgeben.
Sie lebt in Ewigkeit als ein geliebtes Kind Gottes.

Sie ist nun in seinen Armen. Da gibt es

- **keinen Hunger mehr,**
- **keinen Durst mehr,**
- **keine Kälte mehr,**
- **keine Einsamkeit mehr,**
- **keine Dunkelheit mehr,**
- **kein Leid und**
- **keinen Schmerz mehr.**
- **Nur noch vollkommene Liebe.**

Sie ist zu Hause bei Gott. Sie wusste um dieses Zuhause schon hier auf Erden und hielt es in ihrem Herzen fest.

So hat es sich Gott auch für dich und mich gedacht.

3 Von guten Mächten wunderbar geborgen

Schon als Kind verstand ich das Wort „Trauerfeier" nicht richtig, auch wenn mir heute bewusst ist, dass das Wort „Feier" sehr viel aussagt. Doch auch hier hat Maja mich einiges gelehrt.

Da saßen wir nun in der Kirche. Vor dem Altar stand ein weißer Sarg mit dem toten Körper unserer geliebten Maja. Die Erinnerungen an so viele kostbare Momente gingen durch meinen Kopf. Immer wieder hatte es geheißen, dass sie nur noch ein paar Monate zu leben habe. Wir wussten es also. Aber dennoch hofften wir, dass dieser Tag nie kommen würde.

Ich nahm das Liedblatt zur Hand und konnte kaum glauben, welches Lied dort abgedruckt war: „Von guten Mächten wunderbar geborgen". Ich habe nun schon so viele Wunder erlebt, dass es fast schon ein Wunder wäre, keines mehr zu erleben.

Wie in Kapitel 2 schon erwähnt, hatten mein Team und ich, kurz bevor wir Maja kennenlernten, dieses Lied im Auto gesungen, und auf dem Gebäude des Ferienheims, in dem wir sie trafen, stand ein Vers aus diesem Lied an der Wand. Und nun sangen wir es auch auf Majas Trauerfeier. Dietrich Bonhoeffer hatte es in größter Bedrängnis, im Bewusstsein seines bevorstehenden Todes, geschrieben.

Von guten Mächten treu und still umgeben,
behütet und getröstet wunderbar,
so will ich diese Tage mit euch leben
und mit euch gehen in ein neues Jahr.

Noch will das alte unsre Herzen quälen,
noch drückt uns böser Tage schwere Last.
Ach Herr, gib unsern aufgeschreckten Seelen
das Heil, für das du uns geschaffen hast.

Wenn sich die Stille nun tief um uns breitet,
so lass uns hören jenen vollen Klang
der Welt, die unsichtbar sich um uns weitet,
all deiner Kinder hohen Lobgesang.

Von guten Mächten wunderbar geborgen,
erwarten wir getrost, was kommen mag.
Gott ist bei uns am Abend und am Morgen
und ganz gewiss an jedem neuen Tag

TROST

Diese vier Strophen des Liedes sangen wir beim Kennenlernen und beim Abschiednehmen.

Maja hatte uns so oft überrascht. Bei der Premiere meines Films „Kämpfernatur" stand sie auf einmal vor mir. Es war etwa zwei Monate vor ihrem Heimgang in den Himmel. Meine Freude war grenzenlos, zumal sie mir zuvor gesagt hatte, sie könne nicht kommen. Wieder einmal lagen wir uns lange in den Armen.

Überrascht waren wir auch, als auf der Trauerfeier dann verkündet wurde, Maja hätte noch ein paar Zeilen für ihre „Trauerfeier" vorbereitet. Das war die zu Anfang des Buches bereits zitierte „Post aus den Wolken". Wir fügen sie hier bewusst nochmals ein. Vielleicht verstehst du diese Zeilen jetzt noch besser als zu Anfang:

Post aus den Wolken

Wenn ihr diesen Brief lest, bin ich schon nicht mehr auf der Erde, sondern oben in den Wolken und schau auf Euch runter. Hier oben ist es wunderschön kuschelig, so wie ich es liebe ☺

Hier oben passt Gott gut auf mich auf und ich genieße es, also seid nicht traurig, sondern feiert, dass ich nun ruhen darf, befreit von all den Sorgen auf der Erde. Weint nicht um die Zeit auf der Erde, die nun vorbei ist, denn sie wird hier oben irgendwann weitergehen ... doch möchte ich euch trotzdem für das Leben auf der Erde danken, dass ihr, in schlechten wie in guten Zeiten, stets für mich da wart, und ich viele besondere Momente mit euch erleben durfte.

An meiner Beerdigung möchte ich, dass sich alle noch einmal an die Zeit mit mir auf der Erde erinnern und genug Zeit haben, zu verstehen, dass diese nun auf der Erde zu Ende ist.

Doch auch von hier oben, das so weit weg von euch scheint, werde ich auf euch herunterschauen, mit euch lachen und weinen. Ich werde stolz auf euch sein, wenn ihr etwas Neues gelernt oder geschafft habt, und auch im Leid bei euch sein. Doch wenn ihr euch von dem leeren Körper, der vor euch liegt, verabschiedet habt und euch auf die Seele und das Herz in der Unendlichkeit freuen könnt, dann möchte ich, dass ihr rausgeht mit einem strahlenden Lächeln auf dem Gesicht und feiert. Ja, ich werde euch immer lieben.

In Liebe, Maja

Nun verstehe ich das Wort „Trauerfeier" ein wenig besser, weil Maja es ein Stück weit erklärte. Sie leidet nun nicht mehr. Sie ist in den Armen des Vaters. Sie ist zu Hause. Keine Tränen mehr, keine Schmerzen, keine schrecklichen Diagnosen. „Nur" noch grenzenlose Freude. Liebe, wohin ihre Augen schauen und ihre Ohren hören. Unendliche Liebe für ihre Seele. Liebe bis in alle Ewigkeit.

In der Bibel heißt es, dass, auch wenn alles andere einmal aufhört, doch drei Dinge bleiben: Glaube, Hoffnung und Liebe. Das Größte allerdings ist die Liebe (vgl. 1 Kor 13,13). **Gott ist Liebe.**

Eine kleine Begebenheit – charakteristisch für Maja und ihre tolle Freundin

Ich hatte schon von Maja gehört, dem Mädchen, das zwar mit Krebs todkrank war, trotzdem aber fröhlich und lebendig blieb, weil sie ihre Hoffnung in Jesus gesetzt hat. Irgendwann hatte ich sogar mit ihr telefoniert, weil sie ein Fan unserer Musik war. Ich dagegen war ein Fan ihrer fröhlichen Art. Wir schrieben uns ab und zu über „Whatsapp" und sie kündigte an, zu unserem nächsten Konzert kommen zu wollen.

Da Majas Körper zu diesem Zeitpunkt schon sehr schwach war, wurde ich von gemeinsamen Freunden informiert, sie brauche einen Stuhl ein bisschen abseits vom wilden Getümmel vor der Bühne. Also haben wir dafür gesorgt.

Am Abend kam Maja dann mit ihrer Freundin. Ich zeigte ihr den Stuhl, aber sie ignorierte ihn vollständig. Dafür bewundere ich sie sehr. Maja wollte das Konzert voll erleben und mitfeiern. Solange sie irgendwie konnte, stand sie in der ersten Reihe und feierte mit aller Kraft. Leidenschaftlicher hat auch König David den Sieg über die Philister nicht gefeiert! Mich hat das tief berührt. Sie hatte keine Angst. Sie hatte nur Freude! Im Hintergrund hat ihre Freundin den Bodyguard gespielt und still, aber aufmerksam, auf Maja geachtet. Wenn Maja eine Pause brauchte, kniete sich die Freundin auf ein Bein und bot Maja einen Sitzplatz auf ihrem anderen Bein an. Was für ein Engel! Maja musste ihren Platz in der ersten Reihe nicht aufgeben und konnte den Abend ganz und gar in sich aufnehmen und genießen. Und es war ein wilder und lauter Abend. Es wurde gepredigt und Gott gepriesen. Menschen aus unterschiedlichen Ländern, Einheimische und Flüchtlinge, tanzten miteinander, teilweise sogar auf der Bühne! Es war ein wundervoller Gottesdienst. Und Maja war – zusammen mit ihrer Freundin – lachend mittendrin. Beide Mädchen waren mir ein Zeugnis von Vertrauen, Freude und Liebe.

fil_da_elephant

Ich hatte das große Glück, Maja am 3. Dezember 2015 kennenlernen zu dürfen.

Wir begannen uns zu unterhalten und sie erzählte mir, dass sie seit fünf Jahren Krebs habe. Auch von den ersten Krankheitsjahren, als ihr im Krankenhaus die Haare ausfielen, berichtete sie mir. Wie da ein Mädchen auf sie zuging und sie sich dachte: „Die will doch nicht etwa zu mir oder mit mir reden? Ich bin doch richtig hässlich, so ganz ohne Haare." Und doch sprach dieses Mädchen sie an, das „kleine hässliche Entlein". Sie wurden sogar Freunde.

Sie erzählte, sie habe ihrer Mutter gesagt, sie wolle keine Operation mehr, und ohne die OPs habe sie nur noch ein halbes Jahr zu leben. Wir sprachen über das Leben und den Tod.

Ich mochte das junge Mädchen und nannte sie „kleiner Engel". Sie hatte keine Angst vor dem Sterben. Sie redete vom Tod, als würde sie bereits ewig leben und schon alle Höhen und Tiefen hinter sich haben.

Maja sagte zu mir:

Jürgen, es ist nicht wichtig, wie lange du lebst, sondern wie du lebst.

Diesen Satz werde ich nie vergessen! Er wird mich immer an einen meiner kleinen Engel erinnern. Mit ihrer Einstellung und ihrer Ausstrahlung nahm sie den Menschen die Angst vor dem Leben und vor dem Tod. Ich habe noch nie zuvor solch einen starken jungen Menschen erlebt.

Ich erzählte ihr von meinem eigenen Schicksal. Dass ich auf dem Weg zu einem Feuerwehreinsatz im Feuerwehrauto einen plötzlichen Herzstillstand hatte. Dass mich daraufhin meine Kameraden aus dem Auto zogen und auf die Autobahn legten und mit der Wiederbelebung begannen. Da unser Team selbst über einen Defibrillator verfügt, setzten sie diesen zwar ein, aber ohne Erfolg.

Wegen des geplanten Einsatzes waren die Rettungssanitäter und der Notarzt bereits alarmiert und trafen in kürzester Zeit ein. Sie übernahmen die Reanimation und gaben mir sechs weitere Schocks mit dem „Defi". Leider wieder vergeblich. Nach kurzer Zeit, wie durch ein Wunder, begann mein Herz jedoch wieder zu schlagen. So lernte ich an einem Tag, wie es ist, zu sterben und wieder geboren zu werden. Mir wurde dann ein „Defi" eingesetzt, der seither schon zweimal zum Einsatz kam.

Ich sagte zu Maja: „Der letzte Schritt ist nicht schlimm, es tut nicht weh." Der Weg, den man geht, hat seitliche Begrenzungen, die einen halten – zum einen die Familie, zum anderen unser HERR JESUS. Mit diesen zwei Stützen und unserem Glauben ist es möglich, den Weg ohne Angst zum Ziel zu gehen.

Allein der Herr, unser Vater im Himmel, entscheidet, wann unser Leben vorbei ist, und niemand anderes!

Ich danke unserem Gott jeden Tag für das, was mir passiert ist. Dieser Glaube macht mein Leben wertvoll.

Ich glaube, ich konnte dem kleinen Engel Maja helfen, ohne Angst dem Ziel entgegenzuschreiten.

Ich weiß, Maja, du sitzt auf deiner Wolke und beobachtest uns ...

In tiefer Freundschaft und Erinnerung

Dein Jürgen

Halt finden

Jesus Christus spricht:
Siehe, ich stehe vor der Tür und klopfe an. Wenn jemand meine Stimme hören wird und die Tür auftun, zu dem werde ich hineingehen … (Offenbarung 3,20).

Wie oft sagt jemand: „Ich müsste mal innehalten!" oder: „Dies oder das hat dazu geführt, dass ich innegehalten habe."

Maja hielt oft inne in meinem Beisein. Gemeinsam hielten wir inne.

Wozu aber halten wir an, werden wir still? Worin fand Maja Halt? Bei wem ruhte sie aus? In manchen Meditationskursen spricht man davon, sich leerzumachen. Wo kann ich mich aber festhalten, wenn nichts zum Greifen da ist?

Immer und immer wieder sagte sie, dass sie erfüllt sei. Was für Gegensätze! Da gibt es welche, die machen sich leer und denken dabei, sie hielten inne, und da ist ein Mädchen von 15 Jahren, das zig OPs hinter sich hat und ein feines Lächeln im Gesicht, welches behauptet: „Ich bin erfüllt."

So steht es in der Bibel. Es geht um unsere Herzenstür. Wer ihm aufmacht, bei dem wird er hineingehen. Es geht also um eine Herzensentscheidung, um Liebe und um Vertrauen. Bei manchen Meditationsformen öffnet man sich – die Frage ist nur, wem oder was? Wenn es an meiner Haustür klingelt, prüfe ich, wer draußen ist. Es darf nicht jeder herein! Solche, die meiner Familie und mir schaden wollen, müssen draußen bleiben.

Ihm, Jesus, können wir bedingungslos vertrauen. Er hat alles für uns gegeben: seine Liebe, sein Leben, ja einfach alles. Er ist die Liebe und das Leben in Person und hat sich uns ganz hingegeben. Mehr geht nicht!

Er, der in mir lebt, den ich eingeladen habe in meinem Herzen zu wohnen, er gibt mir Halt. Er hält mich, wenn keiner mehr zu mir hält. Er ist da, wenn alle gegangen sind.

Innehalten ...

Ja, das habe ich in den Krisen meines Lebens oft getan – am Bett von Sterbenden, in meiner größten Verzweiflung, aber auch in wunderbaren Zeiten, in Momenten des Dankes.

Oft habe ich dann innegehalten und mit dem gesprochen, der in mir wohnt, den ich vor langer Zeit in mein Herz gelassen habe. Der mich schon liebte, bevor ich ihn liebte.

Ich lasse dich nicht fallen und verlasse dich nicht (Josua 1,15).

So spricht Gott zu dir und mir. Ein Gott, der dir und mir ganz nah sein möchte, der in deinem und meinem Herzen sein will, der in Majas Herzen wohnte und der dir und mir versprochen hat, uns zu halten.

Wie kostbar, wie einmalig, wie wunderbar!

Typisch Maja

In Gottesdiensten, in öffentlichen Vorträgen und vor Schulklassen sprach Maja Sätze, die viele Menschen sehr berührten und die heute noch nachhallen, auch durch dieses Buch.

„Ich bin erfüllt – die Liebe Gottes füllt mich total aus.“

„Lieber lebe ich nur ein paar Jahre und weiß mich von Gott geliebt, als hundert Jahre ohne dieses Wissen, ohne diese Liebe.“

„Es ist nicht wichtig, wie lange man lebt, sondern wie man lebt.“

„Lebt miteinander in Liebe.“

„Geh raus und lebe.“

„Lauft draußen nicht mit Kopfhörern herum, sonst verpasst ihr das Rauschen der Bäume und das Singen der Vögel.“

„Ehrt eure Eltern und wertschätzt, was sie für euch tun, auch wenn es manchmal nicht einfach ist, denn sie haben es oft auch nicht leicht.“

„Versöhnt euch bitte nach jedem Streit, noch bevor die Nacht anbricht, denn ihr wisst nie, was morgen ist.“

„Leg dein Leben in Gottes weiche Hände.“

Maja war einer der liebevollsten und fröhlichsten Menschen, die ich jemals kennenlernen durfte. Wenn sie da war, brachte sie mit ihrem Strahlen den ganzen Raum zum Leuchten. Einmal wurde sie bei einem Gottesdienst nach vorne gebeten, um ein paar Worte über sich zu erzählen. Sie erzählte ihre Krankheitsgeschichte mit den vielen Operationen und Krankenhausaufenthalten. Ohne zu klagen. Ohne auch nur ein Wort darüber zu verlieren, warum ausgerechnet sie das alles erleiden muss. Sie sprach mit großer Liebe und der unerschütterlichen Gewissheit, dass Gott sie unendlich liebt, immer bei ihr ist und sie trägt, völlig egal, was kommt. Maja war ein Mensch, der mich persönlich unglaublich beeindruckt hat mit ihrer Stärke, mit ihrem felsenfesten Glauben und der Liebe Gottes im Herzen, die nur so aus ihr heraussprudelte und mit der sie jedem ein Lächeln aufs Gesicht zaubern konnte. Sie war es, die andere noch in ihrer Trauer tröstete und ihnen Kraft gab. Sie ertrug so viel, ohne zu klagen.

Durch Maja habe ich viele Sachen in meinem Leben überdacht. Durch unsere tiefen Gespräche lernte ich oft, das Leben von anderen Blickwinkeln zu betrachten. Ich erinnere mich noch genau an einen Spaziergang mit ihr, wie sie die Natur anschaute und meinte: Wie wunderbar hat Gott das alles gemacht! So viele Einzelheiten und für alles hat er einen Plan. Obwohl sie damals noch ganz am Anfang ihres Weges mit Gott war, war sie vollkommen offen und vertraute, dass es ihn gibt (was bei ihrer Situation ja nicht selbstverständlich war).

Sie konnte mir gute Ratschläge geben, obwohl sie fünf Jahre jünger war als ich.

Sie hatte sich zum Ziel gesetzt, ihr Leben zu genießen. Und dennoch war sie für alle Menschen in ihrem Umfeld da, auch wenn sie selbst die Unterstützung wahrscheinlich viel mehr gebraucht hätte als alle anderen.

Ich bin froh, sie kennengelernt zu haben und dass sie jetzt beim himmlischen Vater ausruhen darf.

Sarah Engelhorn

Einen Satz, den sie mir einmal gesagt hat, werde ich nie vergessen: „Geh raus und lebe."

Dieser Satz hat so viel in mir bewegt, hat mir bewusst werden lassen, wie kostbar und vergänglich das Leben doch ist und wie oft wir es verschwenden mit Lieblosigkeit, Hass, Egoismus und Neid. Und dieses Mädchen steht einfach da und ist bis obenhin gefüllt mit Liebe.

Jetzt geht es Maja gut. Sie muss nie wieder leiden, sich nie wieder Sorgen machen, nie wieder Angst haben. Sie ist zu Hause. Ich bin so dankbar, dass ich sie kennenlernen durfte. Sie war ein Mensch nach dem Herzen Gottes.

Jan K.

-ilchen
DANK!

Nachwort

Dies war nur ein sehr kleiner Teil von Majas Geschichte, einer Geschichte über eine Lebensreise, die durch viele dunkle Täler führte und trotzdem von Dankbarkeit, Fröhlichkeit und Lebensfreude geprägt war. Das, was ihr Leben ausmachte, war Liebe. Liebe war ihr Beweggrund, das vorherrschende Gefühl und ihre Stärke.

Sie hatte den erkannt, der die Liebe in Person ist. Der aus Sehnsucht nach uns in diese Welt kam, um uns den Frieden zu bringen, den diese Welt nicht geben kann: Jesus Christus. Was er uns aufgetragen hat, hat Maja gelebt.

„Ich gebiete euch, einander genauso zu lieben, wie ich euch liebe" (Joh 15,12 NLB) und

„Ich habe von Gott alle Macht im Himmel und auf der Erde erhalten. Geht hinaus in die ganze Welt, und ruft alle Menschen dazu auf, mir nachzufolgen! Tauft sie im Namen des Vaters, des Sohnes und des Heiligen Geistes! Lehrt sie, so zu leben, wie ich es euch aufgetragen habe. Ihr dürft sicher sein: Ich bin immer bei euch, bis das Ende dieser Welt gekommen ist" (Mt 28, 18-20 HFA).

Maja lebte mit Jesus auf Erden und lebt nun mit ihm im Himmel. Sie lebte in dieser Liebe – durch das, was sie sagte, wie sie es sagte, durch ihre Blicke, ihren Gesang, ihre Umarmungen, durch ihr Lachen und vieles mehr. In Vorträgen vor Schülern, in Gottesdiensten sowie im Alltag gab sie die Frohe Botschaft, das Evangelium von Jesus Christus, weiter. Wenige Tage, bevor sie in den Himmel ging, ließ sie sich noch taufen auf den Namen des Vaters und des Sohnes und des Heiligen Geistes. Bis zu ihrem letzten Atemzug behielt sie seine Liebe und die Hoffnung auf den Himmel in ihrem Herzen. Das Gebot der Nächstenliebe lebte dieses Kind vielen Menschen vor, auch mir. So oft waren ihr die anderen Menschen wichtiger als sie sich selbst. Sie spendete vielen Kraft, obwohl ihre eigene Kraft mehr und mehr zu Ende ging. Sie tat, was Jesus geboten hatte.

Sie hatte es wieder und wieder erlebt, dass er da ist. Sie sagte es mir einmal in einer ganz dunklen Stunde am Telefon: „Michael – Jesus ist jetzt in meinem Zimmer."

Wir, die Autoren dieses Buches, verstehen vieles nicht. Wir haben auf vieles keine Antworten. Die Frage nach dem „Warum" können auch wir nicht beantworten. Aber wir haben ein wunderbares Mädchen erlebt, das trotz allem Leiden immer ein Lächeln und Hoffnung hatte. Ein Mädchen, das die Liebe lebte. Sie hatte Gott sehr lieb und war sich bewusst, wie sehr er sie liebte. Er war letztendlich ihre Hoffnung und ihr Trost. Er war ihr Ziel. Nun ist sie in seinen Armen und darf vom Himmel aus erleben, wie ihre Liebe auf Erden Kreise zieht: wie ihr Lachen andere zum Lächeln bringt, wie ihr Trost andere tröstet, wie ihre Hoffnung anderen Mut und Hoffnung schenkt, wie ihre Dankbarkeit andere dankbarer macht und wie ihre Liebe dazu beiträgt, dass manche Menschen sich selbst, ihren Nächsten und Gott mehr lieben.

Nun ist die „Post aus den Wolken" auch bei dir gelandet. Bringe diese Post zu den Menschen. Teile Majas Geschichte mit ihnen. So, wie Gottes Liebe durch Maja lebte, tut sie das nun vielleicht noch viel mehr durch dich. Geize nicht mit dieser Liebe, ja, gib sie reichlich weiter. Vergib, wo Vergebung notwendig ist. Bitte selbst um Vergebung und versöhne dich, wo du kannst.

Dieses Buch wurde unter vielen Tränen geschrieben. Wir alle sind dankbar, dass wir Maja und ihre Familie kennenlernen durften.

Ich persönlich möchte mich an dieser Stelle bei ihren Eltern, Daniela & Frank, bedanken sowie bei ihren Freundinnen: Anna, Alessia und Carmen. Außerdem danke ich meiner Kollegin Hilda und meinem Sohn Manuel. All diese lieben Menschen halfen mir bei diesem Buch. Ein herzliches Dankeschön geht auch an alle, die zu diesem Buch mit Beiträgen, Fotos und durch Gebete beigetragen haben. Ohne diese Menschen sowie die Lektorin, den Grafiker und den Verlag wäre das Zustandekommen nicht möglich gewesen.

Danke auch an Maja; ich weiß, dass sie das mitbekommt. Und danke Gott, dass du uns Maja geschenkt hast.

Gott möge uns alle segnen – auch jeden Menschen, der dieses Buch liest.

Wo ich zu viel oder zu wenig geschrieben oder andere Fehler gemacht habe, bitte ich um Vergebung. Es war für mich nicht einfach, dieses Buch zu schreiben, aber es war mir ein Herzensanliegen. Ich weiß, dass Gott es so wollte. Nun bin ich gespannt, welche Kreise es zieht.

Maja würde nun vielleicht sagen: „Nun geh raus und lebe." Das wollen wir euch so weitergeben und Maja zum Schluss noch einmal zu Wort kommen lassen mit ihrer festen Zuversicht und Stärke im Glauben und dem Appell, Gott zu lieben:

„Ich darf zu meinem Vater kommen und es wird mir dort gut gehen, weil ich Frieden habe. Da gibt es weder Leid noch Hass, Eifersucht oder Streit wie so oft auf dieser Welt. Da ist es einfach nur schön. Nun wollte ich euch fragen, ob ihr auch jemanden habt, der euch bedingungslos liebt und der euch eure Sünden vergibt – ALLE Sünden –, und zu dem ihr kommen könnt, wenn ihr traurig seid oder wenn ihr was Lustiges erlebt habt?"

„Ich wünsche einfach jedem, dass er die Liebe von Gott kennenlernt und dass er seinen Beruf aus Liebe macht. Was nützt uns all das Geld, wenn wir morgen tot sind?"

„Was haben wir noch, wenn wir sterben? Da haben wir doch nur unseren Vater, der uns liebhat und der einfach will, dass wir ihn in den Arm nehmen. Er ist für uns am Kreuz gestorben und er verlangt nach uns, aber wir müssen es auch zulassen, dass er uns liebt."

„Ich habe mich manchmal täglich gefragt: Kannst du so sterben, wie es jetzt ist? Menschen können so enttäuschen, aber Gott wird dich nie enttäuschen; er liebt dich bedingungslos."

„Ich habe eigentlich am ganzen Körper Narben. Die einzigen Körperteile, wo ich keine Narben hab, sind meine Arme, und ich habe seit fünf Jahren immer wieder Krebs gehabt ...

Meine ganzen Organe haben so viel Schaden genommen. Mit jedem Schmerz, jedem Leid, das ich am Körper gespürt habe, kam aber irgendwie die doppelte Kraft in mein Herz wieder zurück, und dafür bin ich so dankbar, das hat mich so stark gemacht."

„Das ist so wichtig, dass wir jeden Tag dankbar sind für das, was wir haben und was Gott uns geschenkt hat."

„Wenn ich sterbe, weiß ich, dass ich zu Gott komme und in seiner Liebe ruhen kann."

„Gott hat sein Ja für dich gegeben, aber jetzt geht es um dein Ja für ihn."

Impressum

1. Auflage 2016

Bibelzitate sind, falls nicht anders gekennzeichnet, der Lutherbibel, Revidierte Fassung von 1984, entnommen.
Weitere Bibelübersetzungen:
HFA: Hoffnung für alle, Basel und Gießen, 1983
SLT: Schlachter 2000
Das Buch folgt den Regeln der Deutschen Rechtschreibreform.
Die Bibelzitate wurden diesen Rechtschreibregeln angepasst.

Lektorat: Dr. Dorit Bieneck
Gestaltung/Satz/Illus: Rainer Zilly, www.kreativ-agentur-zilly.de
Fotos: Die meisten sind von den Autoren privat, außer
Hintergrundfoto Titel-/Rückseite: © Stillfx/fotolia.com
und Rainer Zilly: S. 13, S. 23, S. 65, S. 3 rechts oben

Printed in Hungary

ISBN 978-3-95578-310-5
Bestellnummer: 356310

Erhältlich beim Verlag:
GloryWorld-Medien
Beit-Sahour-Str. 4
D-46509 Xanten
Tel. 02801-9854003
Fax 02801-9854004
info@gloryworld.de
www.gloryworld.de

oder in jeder Buchhandlung

Anmerkungen

1 „Das glaube ich"; Original: „This I Believe",
T. & M. Matt Crocker & Ben Fielding
© Hillsong Music Publishing;
dt. Übersetzung: Martin Bruch & Dennis Strehl

2 „10.000 Reasons", T. & M. Jonas Myrin & Matt Redman

3 „Im Einfachen sehn"
T. & M. Elina Wildemann © Gospel Forum Music

Post aus den Wolken

Geschrieben aus Dankbarkeit,
zur Erinnerung an Maja,
den Menschen zum Trost,
zur Hoffnung und zur Freude
und zur Ehre Gottes.
In Dankbarkeit, Hoffnung und Liebe.

Herzlichst
Michael Stahl

Weitere Infos zu diesem Buch:

www.maja-loretta.de
kontakt@maja-loretta.de
www.facebook.com/MichaelStahlandFriends

Weitere Bücher & Hörbücher von Michael Stahl

Michael Stahl | ERlebt – 25 wunderbare Geschichten aus meinem Leben.

160 Seiten, Paperback, € 9,50 (D) / € 9,80 (A) / CHF 14,00
ISBN 978-3-936322-96-5, Best.-Nr. 359296

Wer sagt dir jeden Tag, wie wertvoll du bist? Wer tröstet dich in schweren Stunden? Wohin mit Versagen und Schuld? Wohin mit unseren unerfüllten Sehnsüchten? Begleite Michael Stahl und sein Team ein Stück des Weges, um Antworten auf all diese Fragen zu finden! Begleite ihn zu den Menschen, die ohne Hoffnung waren, zu den Sprachlosen, die nun singen. Höre jenen zu, die einst ohne Hoffnung und Trost waren. Setze dich mit ihm an das Bett von Sterbenden, die in letzter Sekunde das Leben fanden. Erlebe, dass ER (Gott) lebt und dich liebt!

Michael Stahl / Rainer Zilly | MutMacherKiste – Aufstehen – Lieben – Kämpfen – Siegen

114 Seiten, Wire-O, vollfarbig, € 12,90 (D) / € 13,30 (A) / CHF 19,80
ISBN 978-3-936322-82-8, Best.-Nr. 359282

Michael Stahl – der MutMacher in Person – hat seine wichtigsten Erfahrungen der letzten Jahre zusammengetragen: viele faszinierende Geschichten über Wunder und Vergebung, die tief berühren. Der Grafiker Rainer Zilly hat daraus ein kurzweiliges, ästhetisches und praktisches MitMach-Buch gestaltet – eine Fundgrube für alle, die neuen Mut brauchen, anderen Mut machen wollen oder gerne einfach interessante Geschichten und Berichte lesen.

Michael Stahl / Rainer Zilly | MutMacherKiste, die zweite – Geschichten voller Wahrheit, Leben und Liebe

128 Seiten, Wire-O, vollfarbig, € 12,90 (D) / € 13,30 (A) / CHF 19,80
ISBN 978-3-95578-303-7, Best.-Nr. 356303

Die **MutMacherKiste, die zweite** ist eine besondere Sammlung Mut machender Geschichten, Berichte und Erlebnisse. Michael Stahl, Rainer Zilly und viele ihrer Freunde erzählen von Momenten aus ihrem Leben, von Glaube, Hoffnung, Liebe, Freude, Wut und Trauer ... Geschichten, die alltäglich, wundervoll oder spektakulär sind: Heilung von Krebs, Überwindung von Angst, Gebetserhörungen oder eine Begegnung im Himmel.

Mit dabei: Josef Müller, Colin Bell, Gina Lippert, Arno Backhaus, Simon Gegenheimer, Jana Highholder, Mandy, Simone Langendörfer, Frank und Brigitte Krause, Dr. Klaus Hettmer, Hilda Kaufmann u. a.

Michael Stahl / Klaus Hettmer | Deine Sehnsucht nach dem Paradies

192 Seiten, Paperback, € 12,00 (D) / € 12,40 (A) / CHF 18,00
ISBN 978-3-936322-21-7, Best.-Nr. 359221

Dieses Buch beschreibt die menschliche Ursehnsucht nach wahrer Liebe, bedingungsloser Annahme und echtem Frieden, die Gott in das Herz eines jeden Menschen hineingelegt hat. Ohne ihn sind wir jedoch der Herrschaft von Lüge, Gewalt und Hass hilflos ausgeliefert. Gott aber hat von Ewigkeit her einen anderen Plan für uns. Er will uns das verlorene Paradies wieder zugänglich machen. In Jesus Christus hat er den Teufelskreis menschlicher Schuld und Sünde durchbrochen und alles dafür getan, um uns Zukunft und Leben zu geben.

Michael Stahl | Verbranntes Männerherz – Auf der Suche nach Männlichkeit (Roman)

120 Seiten, Paperback, € 8,00 (D) / € 8,30 (A) / CHF 11,50
ISBN 978-3-936322-71-2, Best.-Nr. 359271

Joe, der alles hat, was ein moderner Mann haben sollte, zweifelt an sich und seiner Männlichkeit. Auf der Suche nach Sinn begibt er sich auf eine abenteuerliche Reise. Er begegnet einem mysteriösen Fremden, der ihm alle Fragen beantwortet, die ihn jahrelang gequält haben.
Joe fängt an, an Gott zu glauben und ihn zu lieben. Unfassbare, unerklärliche und wunderbare Dinge geschehen. Wagen Sie mit ihm einen Blick in den Himmel.

Dieses Buch ist auch als Hörbuch erhältlich: **Verbranntes Männerherz (Hörbuch)**
Gelesen von Daniel Kopp, 175 Min., MP3-CD, ISBN 978-3-95578-000-5, Best.-Nr. 356000

Michael Stahl | Vater-Sehnsucht

120 Seiten, Paperback, € 8,00 (D) / € 8,30 (A) / CHF 11,50
ISBN 978-3-936322-68-2, Best.-Nr. 359268

Immer mehr Kinder wachsen in dieser Welt ohne Vater auf. Was wird aus diesen Kindern? Der Vater ist der erste Held im Leben eines Kindes. Dieser mächtigste Mensch der Welt kann Wunden schlagen und sie auch heilen. Michael Stahl lässt uns an der Entstehung und dem Heilungsprozess seiner eigenen Vaterwunden teilhaben. Und er berichtet, was er erlebt, wenn er in Schulen, Heime, Gefängnisse oder Firmen geht und dort Menschen hilft, sich miteinander zu versöhnen. Das Buch ist eine Schatzgrube für alle auf der Suche nach Wurzeln, Identität und Wahrheit.

Dieses Buch ist auch als Hörbuch erhältlich: **Vater-Sehnsucht (Hörbuch)**
Gelesen von Michael Stahl, 137 Min., MP3-CD, ISBN 978-3-936322-76-7, Best.-Nr. 359276

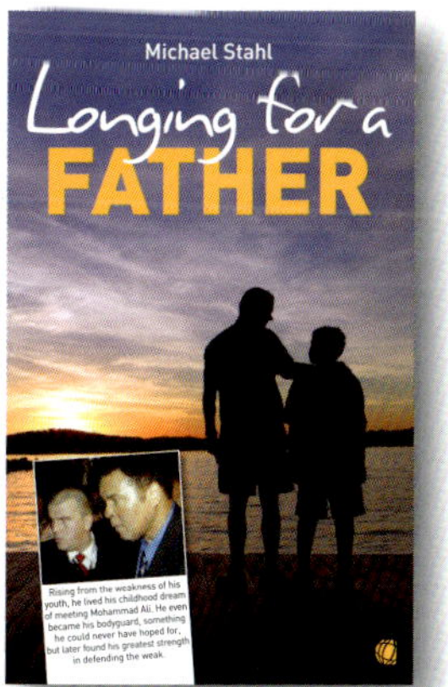

Michael Stahl
Longing for a Father
Englische Ausgabe von Vater-Sehnsucht
112 Seiten, Pb.
ISBN 978-3-95578-901-5
Best.-Nr. 356901

Michael Stahl
Тоска по Отцу
Russische Ausgabe von Vater-Sehnsucht
112 Seiten, Pb.
ISBN 978-3-95578-900-8
Best.-Nr. 356900

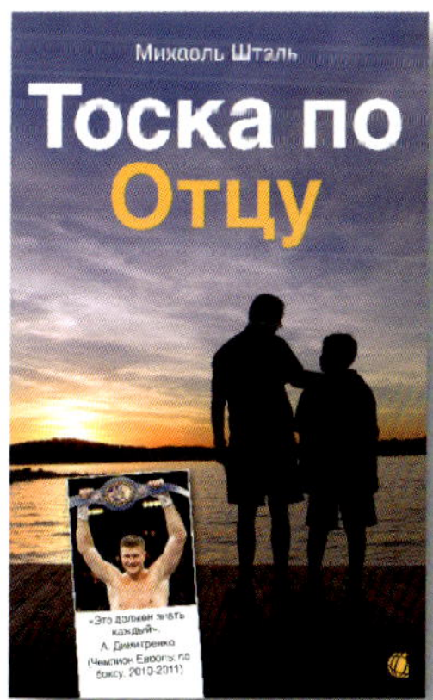

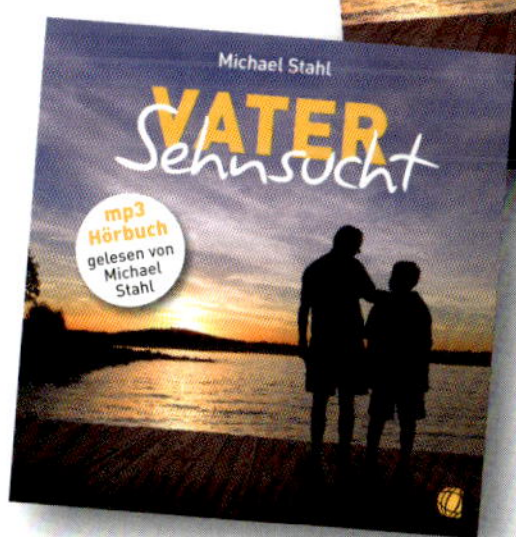

Bestellen Sie in Ihrer Buchhandlung oder direkt beim Verlag:

GloryWorld-Medien | Beit-Sahour-Str. 4 | D-46509 Xanten
Fon: 02801-9854003 | Fax: 02801-9854004 | info@gloryworld.de
Aktuelles, Leseproben, Downloads & Shop: **www.gloryworld.de**

Glory World Medien